INTERPRETATIONEN ENGLISCH

WILLIAM SHAKESPEARE

A Midsummer Night's Dream

Interpretiert von
Dieter Ulm

STARK

Bildnachweis
Umschlag: © ullstein bild – Schleyer
S. 5, 7, 10, 11: public domain
S. 13: © Foto: Tohma; http://commons.wikimedia.org/wiki/File:Globe_Theatre_Buehne.jpg; This file is licensed under the Creative Commons Attribution-Share Alike 3.0 Unported, 2.5 Generic, 2.0 Generic and 1.0 Generic license.
S. 22: © CINETEXT
S. 54: © CINETEXT
S. 60: © Emanuel Zweigel-fotolia.com
S. 81: © ullstein bild – Schleyer

ISBN 978-3-86668-852-0

Inhalt

Autor: Dieter Ulm

Vorwort

Liebe Schülerin, lieber Schüler,

keine Angst vor Shakespeare. Diese Interpretationshilfe verschafft Ihnen den nötigen Durchblick, um *A Midsummer Night's Dream* zu verstehen. Wahrscheinlich sind nicht alle Kapitel für Sie gleich wichtig. Wählen Sie also aus, was Sie vornehmlich brauchen.

Im ersten Teil finden Sie **Informationen über Shakespeare**, sein Leben, seine Dramen, sein Theater und die Entstehung des Stücks. Es folgen eine **ausführliche Inhaltsangabe** und ein umfangreiches Kapitel zu **Textanalyse und Interpretation** mit den Schwerpunkten Charaktere, Form und Struktur, Sprache und Stil sowie Themen und Motive. Den letzten Abschnitt über die **Schlüsselstellen** empfehle ich Ihnen besonders, denn Sie werden die darin enthaltenen Hinweise im Unterricht und für Klausuren oder Prüfungen sicher nutzen können. Der **Rezeptionsgeschichte** ist abschließend ein eigenes Kapitel gewidmet für den Fall, dass Sie dieses Thema interessiert.

Ich persönlich finde es immer wieder spannend, sich mit Shakespeare auseinanderzusetzen und hoffe, dass es Ihnen auch so gehen wird. Viel Freude und Erfolg bei der Beschäftigung mit dem Sommernachtstraum wünscht Ihnen der Autor dieses Buches.

Dieter Ulm

Einführung

Shakespeares England war eine Nation im Übergang vom Mittelalter zur Neuzeit. Das Zeitalter von Königin Elizabeth I. ist rückblickend eine Epoche entscheidender Veränderungen. Aus einer Agrargesellschaft begann sich eine moderne Handelsnation zu entwickeln. London verdoppelte in Elizabeths Regierungszeit (1558–1603) seine Einwohnerzahl auf 200 000 und wurde zu einer Metropole von europäischem Rang. Nach dem Sieg über die spanische Armada (1588) war der Weg frei für Englands Vormachtstellung auf den Weltmeeren und seinen Aufstieg zum Mutterland eines weltumspannenden Kolonialreiches.

Die Erforschung fremder Länder sowie die Wiederentdeckung der Antike erweiterten das Weltbild der Menschen. Philosophie und Kunst erlebten eine Blütezeit. Antike Schriftsteller wurden in großer Zahl ins Englische übersetzt. Die englische Sprache, zu Beginn des 16. Jahrhunderts noch kaum von literarischer Bedeutung, entwickelte sich zu einem Medium von höchster dichterischer Ausdruckskraft. Große englische Lyrik, Versepen und Theaterstücke entstanden und wurden durch Buchdruck und Buchhandel im ganzen Land verbreitet.

Shakespeares Werke sind Produkte ihrer Zeit. Allerdings sind seine Dramen keine Abbildungen damaliger Ereignisse. Es gibt in ihnen nur verhältnismäßig wenige zeitgenössische Anspielungen. Personen und Stoffe sind vielmehr meist älteren Quellen und Epochen entnommen. Was man aber in seinen Werken wiederfindet, ist das Lebensgefühl der elisabethanischen Epoche. Shakespeare greift den rasanten Wandel, die neuen Erkenntnisse und Entwicklungen, die sozialen Spannungen und die literarischen Anregungen seiner Zeit auf und wandelt sie in

Bühnengeschehen um. Wenn sein Einfluss weit über sein Jahrhundert hinausgeht, so vor allem deshalb, weil er universelle Fragen des menschlichen Daseins auf eine zeitlos gültige Weise zur Sprache bringt.

Man muss nicht so weit gehen wie der amerikanische Literaturwissenschaftler Harold Bloom, der die These vertritt, Shakespeare sei der „Erfinder" des abendländischen Menschenbildes, aber man wird wohl sagen können, dass dieses Bild maßgeblich von ihm geprägt worden ist. Die großen Charaktere seiner Tragödien und Komödien spiegeln die menschliche Natur in ihrer ganzen Vielfalt und Widersprüchlichkeit. Von Shakespeares Freund, dem Dramatiker Ben Jonson, stammt der Satz: "He [Shakespeare] was not of an age, but for all time."[1] Was zu Jonsons Zeit noch eine Prophezeiung war, hat sich im Lauf der Jahrhunderte als zutreffend erwiesen.

Dass Shakespeares Dramen zu allen Zeiten geschätzt wurden, erklärt sich nicht allein durch ihre inhaltliche Universalität, sondern auch durch die Bandbreite ihrer Deutungsmöglichkeiten. Shakespeare ist ein Theaterdichter, und seine Texte sind für die Umsetzung auf der Bühne gedacht. Peter Hall, der Regisseur und ehemalige Leiter des Royal Shakespeare Theatre in Stratford, bemerkte einmal in Bezug auf seine Inszenierungen: "We have *our* Shakespeare, but there is no final Shakespeare."[2] Er wollte damit sagen, dass es keine Instanz geben kann, welche die Deutungshoheit über Shakespeares Texte hätte.

Hierfür ist *A Midsummer Night's Dream* ein besonders gutes Beispiel. Das Stück ist eine turbulente Komödie, die auf höchst unterschiedliche Weise in Szene gesetzt und gedeutet werden kann. Erzählt wird die Geschichte von zwei jungen Liebespaaren, die mit allerlei Hindernissen, Missverständnissen und Zwischenfällen zu kämpfen haben. Als Charaktere unterscheiden sie sich nur wenig, aber dieser Nachteil wird durch farbenprächtige Gestalten aus dem Elfenreich und eine komische Handwerkertruppe ausgeglichen. Im irrationalen Verhalten der Liebespaare spiegelt sich die Wandlungsfähigkeit der elisabethanischen Welt. Die Liebe, um die es hier geht, ist ein unberechenbarer Zustand, der jeder vernünftigen Erklärung spottet. Magische Vorgänge bringen die Gefühle der Menschen durcheinander und stellen sogar die Naturgesetze infrage. Aber auch wenn Liebe und Torheit, Glück und Unglück nahe beieinander liegen, siegt doch am Ende die vorgegebene Seinsordnung über das drohende Chaos. Das tragische Scheitern an der Liebe, wie es im plumpen Tölpelspiel der Handwerker am Schluss dargestellt und in der etwa zur gleichen Zeit entstandenen Tragödie *Romeo and Juliet* thematisiert wird, bleibt im *Midsummer Night's Dream* nur eine aus der Ferne angedeutete Möglichkeit.

Shakespeares Leben und Werk

Shakespeares Leben

Chandos Porträt (eines von mehreren Gemälden, die der Überlieferung nach Shakespeare darstellen)

Über Shakespeares Leben weiß man wenig, über seine Person noch weniger. Nicht einmal ein authentisches Porträt lässt sich nachweisen, und von seiner Handschrift sind lediglich ein halbes Dutzend Unterschriften erhalten. Auch das Geburtsdatum ist nicht sicher. Fest steht nur, dass er am 26. April 1564 getauft wurde. Traditionell wird Shakespeares Geburtstag am 23. April gefeiert, dem „St George's Day", an dem auch des englischen Nationalheiligen gedacht wird.

Shakespeares Vater, John Shakespeare, ein angesehener Bürger des Landstädtchens Stratford-upon-Avon in der Grafschaft Warwickshire, war ursprünglich Handschuhmacher, brachte es aber zeitweise zum High Bailiff, was etwa dem Amt des Bürgermeisters entspricht. Die Mutter, Mary Arden, entstammte einer wohlhabenden Landadelsfamilie, deren Stammbaum sich bis ins frühe Mittelalter zurückverfolgen lässt. Wahrscheinlich besuchte der Sohn die Grammar School seiner Heimatstadt, die einen guten Ruf genoss und ihm vor allem solide Lateinkenntnisse vermittelt haben dürfte.

Über Kindheit und Jugend Shakespeares gibt es keine belegbaren Erkenntnisse. Sicher ist, dass er im November 1582 die acht Jahre ältere Anne Hathaway heiratete und im Mai 1583 und Februar 1585 bei der Geburt seiner Tochter Susanna bzw. der Zwillinge Hamnet und Judith in Stratford anwesend war. Für die folgenden sieben Jahre liegen keine Dokumente vor. Diese auch als „lost years" bezeichnete Zeit hat zu vielfältigen Spekulationen Anlass gegeben, vor allem, was Shakespeares Berufswahl und Aufenthaltsort betrifft. Vielleicht hat er sich einer der umherziehenden Schauspielergruppen angeschlossen und ist durch sie mit der Londoner Theaterszene in Berührung gekommen.

Die nächste dokumentierte Erwähnung Shakespeares stammt aus dem Jahr 1592 und zeigt, dass er zu dieser Zeit bereits als erfolgreicher und anerkannter Bühnenschriftsteller und Schauspieler in London tätig war. Ab 1594 war er Mitglied der Lord Chamberlain's Men, einer Gruppe, die eine Vorrangstellung bei Hofe einnahm. Sie spielte insgesamt 32-mal vor Königin Elizabeth I. und wurde nach deren Tod 1603 in den Dienst ihres Nachfolgers James I. übernommen. Unter dem Namen „The King's Men" gehörten Shakespeare und seine Kollegen nun offiziell zur königlichen Dienerschaft.

Die King's Men waren die bedeutendste von mehreren Schauspielervereinigungen. Ihr wichtigstes Mitglied war Richard Burbage, dessen Vater James 1576 im Norden Londons den ersten englischen Theaterbau errichten ließ. Im Jahr 1599 verlegten der Sohn und seine Mitarbeiter ihr Theater an das Südufer der Themse. So entstand das berühmte Globe Theatre, das größte und modernste von mehreren Londoner Theatern. Zu dieser Zeit gehörte Shakespeare zum Stammpersonal der Truppe. Er war Anteilseigner des Theaters, Stückeschreiber, Regisseur und gelegentlich auch Schauspieler. Für das Globe Theatre und sein Ensemble schrieb er seine großen Tragödien und hier wurden sie erstmals aufgeführt.

Wie aus Gerichtsakten hervorgeht, war Shakespeare auf dem Höhepunkt seiner Karriere ein wohlhabender Mann. Er erwarb

Anteile an anderen Theatern sowie Grundstücke und Häuser in Stratford, darunter New Place, das zweitgrößte Haus der Stadt, in dem er mit seiner Familie die letzten Lebensjahre verbrachte. Er starb am 23. April 1616 und wurde im Chorraum der Holy Trinity Church beigesetzt. Seine Frau und seine Tochter Susanna, der er den größten Teil seines Besitzes vererbte, sind neben ihm bestattet.

Shakespeares Dramen

Da es zu Shakespeares Zeit noch keine Autorenrechte gab, hätten andere Theater seine Stücke ohne sein Einverständnis aufführen können, wenn die Texte veröffentlicht worden wären. Aus diesem Grund hatten weder er noch die anderen Miteigentümer des Globe Theatre ein Interesse daran, seine Werke drucken zu lassen. Die zu seinen Lebzeiten im Druck erschienenen Ausgaben einzelner Dramen, die sogenannten Quartos, sind zum Teil Raubkopien. Diese „bad quartos" wurden wahrscheinlich von Theaterbesuchern während der Aufführung oder aus der Erinnerung niedergeschrieben und sind daher oft fehlerhaft und unvollständig. Daneben gibt es auch einige „good quartos", denen offenbar Abschriften der Originale zugrunde liegen.

Erst 1623, sieben Jahre nach Shakespeares Tod, wurden 36 seiner Dramen von den Schauspielerkollegen Heminge (oder Heminges) und Condell in einem großformatigen Sammelband, der First Folio Edition, herausgegeben.

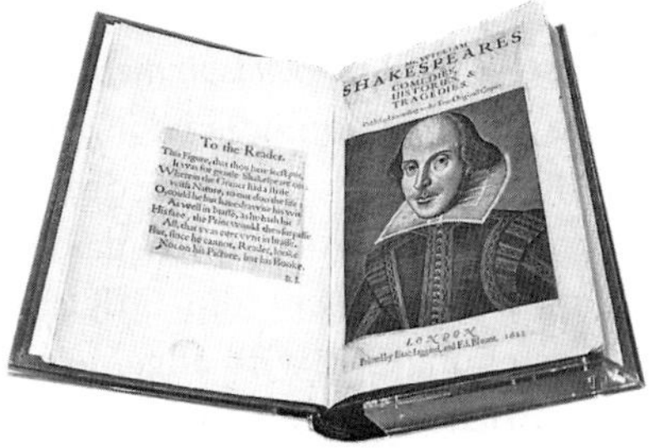

Ein Exemplar der First Folio Edition

Von der ursprünglichen Auflage von ungefähr 1 200 Exemplaren existieren heute weltweit noch etwa 230. Ohne diese unter schwierigen Bedingungen zusammengestellte Gesamtausgabe hätte die Nachwelt nur bruchstückhafte Kenntnis von Shakespeares Werken.

Entstehungszeit und Reihenfolge der insgesamt 37 Dramen (das Stück *Pericles* fehlt in der ersten Folioausgabe) lassen sich meist nur ungefähr bestimmen und nur in wenigen Fällen ist das Jahr der Erstaufführung bekannt. Zu Beginn seiner Karriere schrieb Shakespeare vorwiegend Komödien *(comedies)*, z. B. *The Comedy of Errors, A Midsummer Night's Dream, The Merry Wives of Windsor, Much Ado About Nothing, As You Like It*, und Historien *(histories)*, wie etwa *Henry VI* (Teil 1–3), *Richard III, Richard II, Henry IV* (Teil 1 und 2), *Henry V* und *Henry VIII.* Nach 1600 dominieren die großen Tragödien *(tragedies) Julius Caesar, Hamlet, Othello, Timon of Athens, King Lear, Macbeth* und *Antony and Cleopatra.* Einige Stücke aus dieser Zeit lassen sich weder eindeutig als Komödien noch als Tragödien klassifizieren und werden meist als „problem plays" bzw. „dark comedies" bezeichnet, z. B. *Measure for Measure* und *All's Well That Ends Well.* In seiner letzten Schaffensperiode, etwa um das Jahr 1610, verfasste Shakespeare eine Reihe besonderer Dramen, die man auch unter dem Begriff Romanzen *(romances)* zusammenfasst. Zu dieser Gruppe gehören *Pericles, Cymbeline, The Winter's Tale* und *The Tempest.* Es sind märchenhafte Stücke, in denen Musik, Tanz, Pantomime sowie exotische Schauplätze und fantastische Ereignisse zu den wichtigen Gestaltungselementen gehören.

Entstehung von *A Midsummer Night's Dream*

Der Text der Komödie ist in zwei Quartos und in der First Folio Edition überliefert. Da alle drei Drucke weitgehend übereinstimmen, geht man davon aus, dass sie auf zuverlässige Manuskripte, darunter vielleicht die Originalhandschrift, zurückgehen. Als Entstehungszeit wird allgemein 1595 oder 1596 angenommen. Es spricht einiges dafür, dass es sich um ein Auftragswerk handelt, das anlässlich der Eheschließung eines adligen Paares geschrieben wurde. Eventuell wurde das Stück während der Hochzeitsfeier von Elizabeth Carey uraufgeführt, deren Taufpatin die Königin selbst war, und deren Großvater das Amt des Lord Chamberlain innehatte. Diese Hochzeit, der Königin Elizabeth persönlich beigewohnt haben könnte, fand im Februar 1596 statt.

In der Regel orientierten sich Shakespeare und andere zeitgenössische Dichter bei der Wahl ihrer Stoffe an überlieferten literarischen oder historischen Quellen. *A Midsummer Night's Dream* bildet insofern eine Ausnahme, als sich für dieses Stück keine direkte Vorlage nachweisen lässt. Vielmehr bedient sich der Autor einer Vielzahl von Anregungen, die er teils antiken Schriften, teils auch der englischen Literatur entnimmt und zu einer eigenen Erzählung zusammenfügt. Theseus und Hippolyta gehen auf Plutarch[3] zurück und finden sich auch in Chaucers *Canterbury Tales*[4], und die Geschichte von Pyramus und Thisbe stammt aus Ovids *Metamorphosen*[5], um nur zwei Beispiele zu nennen.

Die vielleicht wichtigste Quelle ist aber Shakespeares eigene Fantasie, vor allem da, wo sie aus der englischen Folklore gespeist wird. Elfen, Feen, Kobolde und die Zauberwelt, die um den *Midsummer Day* bzw. die Sommersonnenwende erwacht, waren Bestandteile mündlich überlieferten Volksglaubens, mit dem er wohl von Kindheit an vertraut war.

Shakespeares Theater

Das London der Shakespearezeit war die Theatermetropole Europas. Jahrzehnte bevor auf dem Kontinent die ersten Schauspielhäuser errichtet wurden, besaß die Stadt schon über ein halbes Dutzend davon. Sie trugen Namen wie The Theatre, The Globe, The Curtain, The Rose, The Fortune, The Swan oder The Hope und waren in etwa kreisförmige Holzbauten mit nach oben offenen Innenhöfen und vorspringenden Plattformbühnen unterschiedlicher Größe und Ausstattung. Außer Fundamentresten ist von ihnen heute nichts mehr vorhanden. Die einzige zeitgenössische Darstellung des Innenraums eines solchen Theaters, die wir besitzen, ist die 1596 entstandene laienhafte Kopie einer Zeichnung, die der Holländer Johannes De Witt anlässlich eines Besuchs des Swan Theatre angefertigt hat.

Zeichnung des Swan Theatre (1596)

Ein Nachbau des Globe Theatre wurde 1997 unweit des ursprünglichen Standorts fertiggestellt. Diese Rekonstruktion ist, was den Grundriss und die Größenverhältnisse betrifft, weitgehend originalgetreu. Hinsichtlich der Bühnenaufbauten und der dekorativen Details war man allerdings meist auf Vermutungen angewiesen. Immerhin wird es durch den Nachbau nun möglich, die bühnentechnischen und künstlerischen Aufführungsbedingungen des damaligen Theaters zu erproben.

Das rekonstruierte Globe Theatre in London

Was man freilich nicht rekonstruieren kann, ist die Atmosphäre einer historischen Aufführung. Bis zu 2 000 Zuschauer[6] drängten sich im Innenraum *(pit)* und auf den Rängen. Die „groundlings“ standen auf drei Seiten um die quadratische Bühne herum, und wer mehr als einen Penny bezahlte, durfte auf einer der drei strohgedeckten Galerien Platz nehmen. Die Bühne war im hinteren Teil von einem auf zwei mächtigen Säulen ruhenden Dach gegen Regen geschützt. An der Rückseite befand sich das Bühnengebäude *(tiring house)*, von wo die Schauspieler durch zwei Türen die Bühne betreten und verlassen konnten. Das Publikum war bunt gemischt und stellte einen Querschnitt durch die elisabethanische Gesellschaft dar: Frauen und Männer, Alt und Jung, Reich und Arm, von hohem und von niedrigem Rang; Kaufleute, Handwerker, Ladenbesitzer und Straßenhändler waren ebenso vertreten wie Adel und Großbürgertum. Auf den besten Plätzen konnte man bisweilen auch Mitglieder der Hofgesellschaft finden. Nicht selten kam es zu Unruhen, Streitereien, Zwischenrufen oder mehr oder weniger lautstarken Beifalls- bzw. Missfallenskundgebungen, auf die die Schauspieler dann wohl auch spontan reagieren mussten.

Aufführungen fanden in der Regel am Nachmittag statt und dauerten etwa zwei Stunden. Der Spielablauf war zügig, Pausen zwischen Akten oder Szenen gab es nicht. Die Bühne diente in erster Linie als Spielfläche für die Schauspieler; Kulissen und Requisiten kamen nur zum Einsatz, wenn sie unentbehrlich waren. Mitunter appelliert der Dichter in seinen Stücken an die Zuschauer, sich ihrer Einbildungskraft zu bedienen, oder er bittet um Entschuldigung für die Unzulänglichkeit des Theaters. Im Prolog zu *Henry V* etwa nennt er es ein „wooden O“ und fragt rhetorisch: “Can this cockpit hold / The vasty fields of France? Or may we cram / Within this wooden O the very casques / That did affright the air at Agincourt?”[7]

Zu den Besonderheiten des elisabethanischen Theaters, die heute kaum noch nachvollziehbar sind, damals aber selbstverständlich waren, gehörte es, dass Frauen nicht auf der Bühne auftreten durften. Alle weiblichen Rollen wurden von besonders dafür geschulten Knaben *(boy actors)* gespielt. Da der Stimmbruch vermutlich später eintrat als heute, konnten dies auch junge Männer sein[8]. Auf jeden Fall müssen sie über erhebliches schauspielerisches Können verfügt haben, um den teilweise sehr anspruchsvollen Frauenrollen Shakespeares gerecht werden zu können.

Ähnlich wie Shakespeares Biografie gibt auch die Aufführungspraxis seiner Dramen noch manches Rätsel auf. Was die dramaturgischen Details und die Darstellungskunst der Schauspieler anbelangt, sind wir weitgehend auf Vermutungen angewiesen. Man kann aber davon ausgehen, dass eine Theatertruppe wie die King's Men über ein hohes Maß an Professionalität verfügte. Dafür spricht nicht zuletzt der rege Zuspruch des Publikums. Die Zuschauer waren offensichtlich von den Darbietungen beeindruckt, wie aus Berichten in- und ausländischer Besucher hervorgeht.

Die rekonstruierte Bühne des Globe Theatre

Inhaltsangabe

Act I, Scene 1

Theseus, der Herzog von Athen, erwartet voller Ungeduld den Tag seiner Hochzeit mit Hippolyta, der Amazonenkönigin, die er im Kampf besiegt hat. Diese scheint dem Ereignis mit eher gemischten Gefühlen entgegenzusehen. Das Gespräch zwischen ihnen wird von Egeus unterbrochen, der in Begleitung seiner Tochter Hermia und ihrer beiden Verehrer Lysander und Demetrius erscheint.

Egeus beklagt sich über Hermia, weil sie sich weigert, den von ihm zu ihrem Ehemann erkorenen Demetrius zu heiraten. Stattdessen habe Lysander mit List und allerlei Geschenken ihr Herz gewonnen. Theseus warnt Hermia vor den Folgen ihres Ungehorsams. Nach dem Gesetz könne sie zum Tode verurteilt werden. Zumindest drohe ihr aber ein Leben als Nonne hinter Klostermauern. Er gibt ihr vier Tage Bedenkzeit bis zu seiner Vermählung mit Hippolyta, doch Hermia ist bereits jetzt entschlossen, lieber ehelos zu sterben als sich einem ungeliebten Mann zu unterwerfen. Lysander ergreift das Wort und gibt zu bedenken, dass Demetrius zuvor um Hermias Freundin Helena geworben habe, die noch immer abgöttisch in ihn verliebt sei. Theseus bittet daraufhin Egeus und Demetrius zu einer Unterredung und zieht sich mit ihnen und Hippolyta zurück.

Hermia und Lysander beklagen ihr Liebesleid. In einem lyrischen Exkurs philosophieren sie über die Hindernisse, die wahrer Liebe entgegenstehen. Lysander schlägt einen Ausweg vor. Er will mit Hermia an einen Ort fliehen, wo das Gesetz Athens nicht gilt. Hermia ist einverstanden. Sie verabreden, sich am folgenden Abend in einem Wald vor der Stadt zu treffen und eine Tante Lysanders aufzusuchen, um dort zu heiraten.

Helena erscheint und macht ihrer Eifersucht auf Hermia Luft. Es kommt zu einem Wortwechsel zwischen beiden Frauen. Um Helena zu beruhigen, teilt Lysander ihr den Fluchtplan mit. Die Szene endet mit einem Monolog Helenas, in dem sie den Liebesgott als blind, wankelmütig und mutwillig anklagt. Dennoch will sie versuchen, Demetrius für sich zu gewinnen. Sie will ihm die Absichten des Liebespaares enthüllen in der Hoffnung, er werde den beiden in den Wald folgen und sie könne dabei in seiner Nähe sein.

Act I, Scene 2

Sechs Handwerker – der Tischler Snug, der Weber Bottom, der Blasebalgflicker Flute, der Kesselflicker Snout und der Schneider Starveling – treffen sich im Haus des Schreiners Peter Quince, um ein Theaterstück einzustudieren, das dieser für die Hochzeit des Herrscherpaares geschrieben hat. Das Stück „Pyramus and Thisbe" ist als tragische Liebesgeschichte gedacht. Quince verteilt die Rollen, wird aber von Bottom ständig unterbrochen. Dieser möchte nicht nur den Liebhaber, sondern auch alle anderen wichtigen Rollen spielen. Bottom demonstriert seine besondere Eignung sowohl für Pyramus als auch für Thisbe und nicht zuletzt für den Löwen, vor dem sie flieht. Quince muss seine ganze Überredungskunst aufbieten, um ihn davon zu überzeugen, dass nur er die Hauptrolle spielen kann. Man verabredet sich schließlich zu einer ersten Probe, die im Wald von Athen stattfinden soll.

Act II, Scene 1

Der Wald, Schauplatz des zweiten bis vierten Akts, ist das Reich der Geister. Hier herrschen Oberon, der Elfenkönig, und seine Gemahlin Titania. Zu Beginn der Szene begegnen sich Puck, der

Diener Oberons, und eine Elfe, die Titania untersteht. Von Puck erfahren wir von einem Streit zwischen König und Königin. Er warnt die Elfe vor einem Zusammentreffen der beiden.

Kurz darauf erscheint Oberon mit seinem Gefolge von der einen und Titania mit dem ihrigen von der anderen Seite. Sofort bricht ein heftiger Streit zwischen ihnen aus. Titania beklagt in einer eindrucksvollen Rede, dass durch ihre Auseinandersetzung die Ordnung der Natur gestört worden sei. Jahreszeiten und Wetter sind aus dem Lot, und Menschen, Tiere und Pflanzen haben darunter zu leiden. Oberon verlangt von ihr die Auslieferung eines Edelknaben, den Titania ihm verweigert. Er ist das Kind einer Freundin, die bei seiner Geburt starb, und für das sie sich seitdem verantwortlich fühlt. Als Oberon auf seiner Forderung besteht, lehnt Titania sein Ansinnen nochmals entschieden ab und entfernt sich mit ihrem Gefolge.

Oberon fühlt sich von Titania gekränkt und ist entschlossen, sie für ihren Ungehorsam zu bestrafen. Puck soll für ihn eine Zauberblume herbeiholen, deren Saft, auf die Augenlider von Schlafenden geträufelt, diese dazu bringt, sich in das erste Wesen, das sie nach dem Aufwachen erblicken, unsterblich zu verlieben.

Während Oberon noch auf Pucks Rückkehr wartet, erscheint Demetrius, gefolgt von Helena. Dieser ist, nachdem sie ihn von Lysanders und Hermias Flucht unterrichtet hatte, in den Wald geeilt, um die beiden aufzuhalten, und Helena ist ihm nachgelaufen. Mit unterwürfigen Liebesschwüren fleht sie ihn an, sie wenigstens in seiner Nähe zu dulden, während er sie seine Verachtung deutlich spüren lässt. Oberon, der den beiden zugehört hat, empfindet Mitleid mit Helena, und als Puck mit der Blume zurückkommt, befiehlt er ihm, dem Paar zu folgen und mit dem Zaubersaft Demetrius' Augen zu benetzen, wenn dieser sich zum Schlafen niederlegt und Helena in seiner Nähe ist. Der junge Mann sei an seiner athenischen Kleidung zu erkennen. Oberon selbst behält einen Teil der Blume für Titania zurück.

Act II, Scene 2

An einer anderen Stelle des Waldes lässt sich Titania von ihren Elfen in den Schlaf singen. Während sie schläft, kommt Oberon, befeuchtet ihre Augenlider mit dem Saft der Blume und zieht sich wieder zurück.

Inzwischen haben sich auch Lysander und Hermia im Wald eingefunden, und das große Verwirrspiel beginnt. Das Paar hat sich verlaufen und Hermia ist erschöpft, sodass Lysander vorschlägt, im Wald auszuruhen und zu übernachten. Hermia ist einverstanden. Als er aber einen Platz für ein gemeinsames Nachtlager aussucht, hat sie Einwände und bittet ihn, aus Gründen der Sittsamkeit sein Lager in einem geziemenden Abstand von dem ihren aufzuschlagen. So geschieht es, und als Puck eintrifft, findet er beide schlafend vor. Er glaubt, an Lysanders athenischer Kleidung den Jüngling zu erkennen, den sein Herr beschrieben hat. Seinem Auftrag gemäß träufelt er daher den Zaubersaft auf Lysanders Augen und entfernt sich.

Kurz darauf kommt Demetrius, gefolgt von Helena. Sie ist außer Atem und fleht ihn an, stehen zu bleiben. Er nutzt jedoch die Gelegenheit, um sie loszuwerden, und läuft davon. Helena erblickt nun den schlafenden Lysander. Ohne zu bemerken, dass auch Hermia in der Nähe ruht, weckt sie ihn auf. Kaum hat er die Augen geöffnet und sie wahrgenommen, ist er auch schon hoffnungslos in sie verliebt. Er bedauert jede Minute, die er mit Hermia zugebracht hat. Jetzt verabscheut er sie und kann sich selbst nicht mehr verstehen. Nicht Hermia, sondern allein Helena gehöre seine Liebe.

Helena ist völlig verwirrt. Sie glaubt, Lysander wolle sie verspotten. Tief gekränkt und wütend verlässt sie ihn. Er folgt ihr auf dem Fuß, und als Hermia von einem schrecklichen Albtraum erwacht und Lysander zu Hilfe rufen will, findet sie sich zu ihrem Entsetzen von ihm alleingelassen.

Act III, Scene 1

Die biederen Handwerker um Peter Quince treffen sich ausgerechnet in der Nähe der schlafenden Titania, um ihr Stück einzustudieren. Bottom und andere haben Bedenken, dass die Damen unter den Zuschauern durch den blutrünstigen Schluss und den Löwen zu sehr erschreckt werden könnten. Quince soll daher in einem Prolog erklären, Pyramus sei eigentlich der Weber Bottom und töte sich nicht wirklich, und der Schreiner Snug, der den Löwen spielt, muss zu verstehen geben, dass das Untier nicht echt ist. Außerdem gibt es noch bühnentechnische Probleme. Um den Mondschein und eine Wand auf die Bühne zu bringen, sollen zwei Schauspieler, einer mit Laterne, der andere mit einem lehmbeschmierten Kostüm, diese Rollen übernehmen.

Inzwischen hat Puck die Laienspieler entdeckt und beschließt, ihnen einen Streich zu spielen – wie es seine Art ist. Kaum hat die Probe mit einem holprigen Dialog zwischen Pyramus und Thisbe begonnen, verpasst Puck hinter der Szene Bottom einen Eselskopf, und als er seinen Auftritt hat, fliehen die anderen voller Schrecken bei seinem Anblick. Bottom, der seine Verwandlung nicht bemerkt, glaubt, sie wollten ihn zum Narren halten. Um zu zeigen, dass er sich nicht hereinlegen lässt, beginnt er auf- und abgehend ein Liedchen zu singen.

In diesem Augenblick erwacht Titania. Sie glaubt, eine Engelsstimme zu hören und ist von Bottoms Aussehen und Persönlichkeit hingerissen. Als er sich entfernen will, gibt sie sich als Geist von höherem Rang zu erkennen. Ihrem Gebot, bei ihr zu bleiben (133: "Thou shalt remain here whether thou wilt or no.") kann er sich nicht widersetzen, zumal sie sogleich vier Elfen aus ihrem Gefolge zu seiner persönlichen Bedienung abordnet. Bottom zeigt sich der Situation durchaus gewachsen. Er macht höfliche Konversation mit den Herren Peaseblossom, Cobweb, Moth und Mustardseed, bevor er sich von ihnen zum königlichen Privatgemach geleiten lässt.

Act III, Scene 2

Oberon wird von Puck unterrichtet, dass Titania aufgewacht ist und sich in ein Ungeheuer verliebt hat. Demetrius und Hermia haben sich im Wald getroffen. Hermia ist noch immer auf der Suche nach Lysander und klagt Demetrius an, ihn ermordet zu haben, um seinen Nebenbuhler zu beseitigen. Es kommt zu einer heftigen Auseinandersetzung. Demetrius verteidigt sich gegen den falschen Verdacht, doch Hermia bleibt bei ihrer Vermutung. Sie überschüttet ihn mit heftigen Vorwürfen und verlässt ihn mit den Worten: "See me no more whether he be dead or no." (81) Er sieht ein, dass es keinen Sinn hat ihr zu folgen, und da er erschöpft ist, legt er sich schlafen.

Oberon und Puck haben das Gespräch verfolgt. Der Elfenkönig tadelt seinen Diener, weil er den falschen Athener verzaubert und dadurch ein echtes Liebesverhältnis zerstört hat. Er befiehlt ihm, Helena zu holen, um den Fehler wiedergutzumachen. Unterdessen reibt er selbst Demetrius' Augenlider mit dem Zaubermittel ein. Puck bringt Helena herbei, die noch immer von Lysander verfolgt wird und weiter mit ihm streitet. Von dem Lärm erwacht Demetrius. Sein Blick fällt auf Helena und seine ersten Worte sind: "O Helen, goddess, nymph, perfect, divine! / To what, my love, shall I compare thine eyne?" (137 f.) Helena glaubt, wie schon von Lysander nun auch noch von Demetrius verspottet zu werden.

Der Höhepunkt der Verwirrung wird erreicht, als Hermia hinzukommt. Sie ist glücklich, Lysander gefunden zu haben, und kann nicht verstehen, warum dieser nichts mehr von ihr wissen will. Helena glaubt, Hermia und die beiden Männer hätten sich zu einem Komplott gegen sie verschworen, und Lysander und Demetrius sind nun Rivalen, die nicht mehr um Hermia, sondern um Helena werben. Alle bisherigen Beziehungen sind mit einem Mal zerbrochen; keiner versteht mehr den anderen. Schimpfworte fliegen hin und her. Die Frauen werfen sich ihre unterschiedliche Körpergröße vor: „puppet“ (288) nennt Helena ihre ehemalige Schulfreundin; mit „painted maypole“ (296) kontert Hermia und macht Anstalten, Helena die Augen auszukratzen. Lysander und Demetrius wollen ihren Streit mit dem Degen ausfechten. Sie ziehen ab, um einen geeigneten Kampfplatz zu suchen. Helena, die vor der kleineren, aber wendigeren Gegnerin Angst hat, vertraut auf ihre längeren Beine und ergreift die Flucht. Zurück bleibt schließlich eine verwirrte und sprachlose Hermia: “I am amaz’d, and know not what to say.” (344)

Oberon und Puck treten aus dem Hintergrund hervor, von wo sie das Durcheinander verfolgt haben. Puck hat seine Freude daran, Oberon jedoch ist unzufrieden. Als Erstes befiehlt er seinem Diener, Demetrius und Lysander voneinander fernzuhalten, um ein Duell zu verhindern. Puck führt den Befehl mit Vergnügen aus. Er füllt die Luft mit Nebel und führt die beiden Männer so lange in die Irre, indem er ihre Stimmen nachahmt, bis sie schließlich völlig erschöpft einschlafen.

Nacheinander kommen auch Helena und Hermia im Dunkel der hereinbrechenden Nacht zurück und legen sich, von den Ereignissen des Tages verwirrt und mutlos, zum Schlafen nieder. Puck träufelt, wie Oberon es ihm aufgetragen hat, einen Zaubersaft auf Lysanders Augen, der den Irrtum rückgängig macht. Mit der Versicherung, dass alles gut wird, verlässt er die Bühne.

Act IV, Scene 1

Während die Paare schlafen, kommt Titania mit dem verzauberten Bottom und ihrem Gefolge. Im Hintergrund beobachtet Oberon das Geschehen. Bottom scheint seine neue Rolle als Liebhaber der Königin zu genießen. Er fügt sich in das höfische Zeremoniell und lässt sich von Peaseblossom, Cobweb und Mustardseed verwöhnen. Als Oberon sieht, wie sehr Titania in Bottom vernarrt ist, ihn in die Arme schließt und Seite an Seite mit ihm einschläft, erfasst ihn Mitleid.

Bottom (Kevin Kline) und Titania (Michelle Pfeiffer) in Michael Hoffmanns Verfilmung aus dem Jahr 1999

Da der Streit zwischen Oberon und Titania schon beigelegt ist und sie ihm den Edelknaben übergeben hat, kann er sie nun von dem Zauber erlösen, indem er das Gegenmittel auf ihre Augen tropft. Titania ist entsetzt, als sie erwacht und ein Ungeheuer neben ihr liegt. Nun wird auch der noch schlafende Bottom von seinem Eselskopf befreit. Oberon reicht Titania die Hand zur Versöhnung. Musik ertönt und das Elfenpaar tanzt, bis der Morgen naht und Puck zum Aufbruch mahnt.

Jagdhörner kündigen die Ankunft von Theseus und Hippolyta an. Sie werden von Egeus begleitet. Während Theseus noch das harmonische Gebell seiner Hundemeute[9] rühmt, fällt sein Blick auf die schlafenden Paare. Er lässt die jungen Leute von seinen Jagdhornbläsern wecken und stellt sie zur Rede. Lysander antwortet schlaftrunken, er habe mit Hermia entfliehen wollen. Egeus verlangt von Theseus Lysanders sofortige Bestrafung. Als jedoch Demetrius erklärt, seine Liebe zu Hermia sei ein Irrtum gewesen und er begehre einzig und allein Helena zur Frau, entscheidet Theseus gegen Egeus und weist dessen Klage ab. Er bestimmt, dass beide Paare zusammen mit ihm und Hippolyta getraut werden sollen. Die Jagd wird abgesagt und das Herrscherpaar kehrt mit seinem Gefolge sogleich nach Athen zurück. Verwirrt und unsicher, ob sie wach sind oder träumen, folgen die beiden Liebespaare ihnen nach.

Am Schluss der Szene erwacht auch Bottom. Zunächst glaubt er, die Probe sei noch im Gang, doch als er feststellt, dass die Mitspieler ihn verlassen haben, erinnert er sich an seltsame Erlebnisse, die er für einen höchst bemerkenswerten Traum hält. Er will Peter Quince davon erzählen, damit dieser eine Ballade daraus macht. „Bottom's Dream" soll sie heißen, und gegen Ende des Stücks, das sie aufführen wollen, will er sie vorsingen.

Act IV, Scene 2

Im Haus von Peter Quince warten die Handwerker vergebens auf Bottom. Niemand weiß, was ihm zugestoßen ist, aber ohne ihn als Hauptdarsteller kann die Tragödie von Pyramus und Thisbe nicht aufgeführt werden. Snug kommt mit der Nachricht, dass Theseus und Hippolyta und mit ihnen noch weitere Herrschaften soeben im Tempel getraut worden sind. Alle lassen die Köpfe hängen, denn von einer Aufführung vor der Hochzeitsgesellschaft hatten sie sich die Gunst des Herzogs versprochen. Zur allgemeinen Erleichterung taucht der vermisste Bottom plötzlich auf. Über sein Abenteuer will er jedoch nicht sprechen. Stattdessen bringt er die gute Nachricht mit, dass das Stück bei Hofe angenommen worden ist und einer Aufführung nichts mehr im Weg steht.

Act V, Scene 1

Im Palast unterhalten sich Theseus und Hippolyta über die seltsamen Erlebnisse der beiden anderen Hochzeitspaare. Theseus ist skeptisch, was den Wahrheitsgehalt ihrer Berichte angeht. Er hält ihre Abenteuer für Ausgeburten ihrer Fantasie. Hippolyta ist anderer Meinung. Sie gibt zu bedenken, dass alle vier dasselbe berichtet haben, was auf einen gewissen Wahrheitsgehalt schließen lasse.

Lysander, Demetrius, Hermia und Helena kommen hinzu. Theseus ruft seinen Zeremonienmeister Philostrate und fragt ihn, wie das Unterhaltungsangebot für die Abendstunden aussehe. Philostrate gibt ihm eine Liste von Vorschlägen, darunter auch das tragische Lustspiel („tragical mirth") von Pyramus und Thisbe, rät aber dringend von der Wahl dieser Darbietung ab: die Ausführenden seien einfache, ungebildete Leute und hoffnungslos von ihrer Aufgabe überfordert. Theseus ordnet dennoch die Aufführung an, obwohl auch Hippolyta Einwände hat und eine Beschämung der wohlmeinenden Handwerker fürchtet. Theseus versichert ihr, dass es dazu nicht kommen werde. Während der Aufführung zeigt sich, dass Hippolyta recht hat: Theseus selbst, aber auch Lysander und Demetrius können ihre spöttischen Kommentare nicht unterdrücken.

Die Vorstellung beginnt mit einem Prolog, der von Quince mit völlig falschen Pausen vorgetragen wird, sodass die guten Absichten, die er ausdrücken möchte, eher wie Beleidigungen klingen. Dann stellt er die Mitwirkenden und ihre Rollen vor, wobei er den Gang der Handlung bereits vorwegnimmt, und die unfreiwillig komische Tragödie nimmt ihren Lauf. Es treten auf: Bottom als Liebhaber Pyramus und Flute als Thisbe, seine Geliebte. Sie flüstern sich durch einen Spalt in der von Snout dargestellten Wand ihre Liebesschwüre zu. Unterstützt von Starveling, der mit Laterne, Dornbusch und einem Hund ausgestattet den Mondschein verkörpert, soll ein Rendezvous bei „Ninny's tomb" stattfinden. Thisbe ist zuerst dort und wird von Snug empfangen, nachdem dieser sich den Zuschauern als harmloser Löwe vorgestellt hat. Voller Schrecken lässt sie ihren Mantel fallen und flieht. Pyramus kommt, findet den blutbefleckten Mantel, glaubt, die Geliebte sei von einem Löwen getötet worden, zieht sein Schwert und bringt sich um. Thisbe findet den toten Liebhaber und ersticht sich mit seinem Dolch. Die Vorstellung endet mit einem Volkstanz, dargeboten von zwei Mitspielern.

Theseus beendet den Abend und mahnt zu Bett zu gehen. Um Mitternacht erscheinen noch einmal Puck und Oberon, begleitet von Titania und ihren Elfen. Sie schwärmen durch den Palast und segnen die frisch getrauten Ehepaare sowie deren künftigen Nachwuchs. Puck spricht die Schlussworte. In einem kurzen Epilog betont er den Traumcharakter des Vorgeführten und bittet das Publikum um Wohlwollen und Beifall.

Inhaltsübersicht

	Schauplatz	Personen	Handlung
I, 1	Palast von Athen	Theseus, Hippolyta, Egeus, Hermia, Lysander, Helena	Egeus klagt seine Tochter Hermia an, weil sie Lysander liebt und Demetrius nicht heiraten will. Lysander und Hermia planen ihre Flucht. Sie teilen den Plan Helena mit, die in Demetrius verliebt ist.
I, 2	Haus von Peter Quince	Quince, Snug, Bottom, Flute, Snout, Starveling	Sechs Handwerker planen die Aufführung einer Liebestragödie für die Hochzeit von Theseus und Hippolyta.
II, 1	Wald bei Athen	Elfe, Puck, Oberon, Titania, Demetrius, Helena	Oberon und Titania streiten sich um einen Edelknaben. Oberon will sich an Titania rächen und lässt Puck eine Zauberblume holen. Demetrius wird von Helena verfolgt.
II, 2	Wald	Titania, Elfen, Oberon, Lysander, Hermia, Demetrius, Helena	Titania schläft ein, Oberon befeuchtet ihre Augen mit dem Saft der Blume. Puck benetzt irrtümlich Lysanders Augen. Dieser erwacht, verliebt sich in Helena und verlässt die schlafende Hermia.

III, 1	Wald	Handwerker, Puck, Titania, Elfen	Die Handwerker diskutieren und proben ihr Theaterstück. Puck versieht Bottom mit einem Eselskopf. Titania erwacht und verliebt sich in ihn.
III, 2	Wald	Oberon, Puck, Demetrius, Hermia, Lysander, Helena	Oberon korrigiert Pucks Fehler, Helena wird herbeigeführt und Demetrius mit dem Saft der Blume verzaubert. Er erwacht und verliebt sich in Helena. Hermia wird nun von beiden Liebhabern verschmäht. Alle vier streiten sich. Oberon befiehlt Puck, die Verwirrung aufzulösen.
IV, 1	Wald	Titania, Bottom, Elfen, Oberon, Theseus, Hippolyta mit Gefolge	Oberon nimmt den Zauber von der schlafenden Titania. Die Liebespaare werden von Theseus geweckt und begleiten ihn und sein Gefolge zurück nach Athen.
IV, 2	Haus von Peter Quince	Quince, Flute, Snout, Starveling, Snug, Bottom	Bottom kehrt von seinem Abenteuer im Wald zurück und alle bereiten sich auf die Aufführung im Palast vor.
V, 1	Palast von Athen	Theseus, Hippolyta, Lysander, Demetrius, Hermia, Helena, Handwerker, Oberon, Titania, Puck, Elfen	Die Hochzeitsgesellschaft erfreut sich an der Aufführung von Pyramus und Thisbe. Als alle zu Bett gegangen sind, segnen die Elfen die Hochzeitspaare.

Textanalyse und Interpretation

1 Charaktere

Die Charaktere in *A Midsummer Night's Dream* lassen sich in vier Personengruppen gliedern und vier verschiedenen Handlungssträngen zuordnen. Theseus und Hippolyta stehen im Mittelpunkt der im Palast von Athen spielenden Rahmenhandlung. Das Verwirrspiel im Wald dreht sich um Lysander, Demetrius, Hermia und Helena. Eine dritte Gruppe besteht aus Oberon, Titania, Puck und den Elfen, und die vierte aus den Handwerkern mit Bottom als Hauptperson (siehe Grafik S. 36).

Hinsichtlich der Machtverhältnisse ist Oberon die wichtigste Gestalt, da er wegen seiner magischen Fähigkeiten den Menschen überlegen ist. Er und sein Diener Puck haben außerdem den Vorteil, für die anderen Personengruppen unsichtbar zu sein und nur von den Zuschauern wahrgenommen zu werden. Neben Oberon steht Theseus als oberster Repräsentant des Staates und der menschlichen Gesellschaft. Ihm untersteht das Volk von Athen, darunter Egeus und die beiden Liebespaare sowie die Handwerker, die unterste Gruppe im Sozialgefüge.

Theseus und Hippolyta

Beide Charaktere sind ursprünglich Gestalten der griechischen Mythologie, haben aber bei Shakespeare eine neue Identität erhalten.

Theseus wurde zu einem Renaissancefürsten mit allen Eigenschaften eines englischen Lords. Seine Interessen sind die des Hochadels. Er liebt die Jagd, ist stolz auf seine Hunde, feiert gern höfische Feste und lässt sich von seinen Untertanen verehren.

Wie Elizabeth I. betrachtet er sich als konstitutionelles Staatsoberhaupt, das Gesetze nicht willkürlich auslegen kann (I, 1, 120), und ist bemüht, ein gerechter, auf das Wohl seines Volkes bedachter Herrscher zu sein.

Theseus steht für Ordnung, Stabilität und Rationalität. Er stellt den Gegenpol dar zur Welt der Geister, der überraschenden Veränderungen und der ausschweifenden Fantasie. Ausdrücklich distanziert er sich von den Erzählungen der Liebenden: "Lovers and madmen have such seething brains, / Such shaping fantasies, that apprehend / More than cool reason ever comprehends." (V, 1, 4 ff.) Andererseits ist er tolerant genug, auch Hippolytas nachdenklichere Stellungnahme zu den Geschehnissen im Wald gelten zu lassen, als sie die „story of the night" als mehr denn bloße Fantasterei bezeichnet. (V, 1, 23 ff.)

Theseus' Ehe mit Hippolyta ist das Ergebnis einer politischen Lösung des Konflikts zwischen Athenern und Amazonen und beruht offenbar auf einer Vereinbarung, durch die ein Krieg vorzeitig beendet werden konnte. Seine Liebe zu ihr ist die Liebe eines reifen Mannes zu einer lebenserfahrenen Frau und unterscheidet sich wesentlich von der ungestümen Emotionalität der beiden jungen Paare, die er etwas herablassend mit den Worten aufweckt: "Good-morrow, friends. Saint Valentine is past; / Begin these wood-birds but to couple now?" (IV, 1, 137 f.) Trotzdem hat er Verständnis für Hermias Wunsch, aus Liebe zu heiraten und damit gegen den Willen des Vaters verstoßen zu dürfen. Als Demetrius dann in IV, 1 seinen Verzicht auf Hermia erklärt, erspart er Theseus eine schwierige Entscheidung. Dessen Erleichterung ist deutlich spürbar, wenn er sein Urteil in IV, 1, 177 so rasch verkündet, dass Egeus nicht mehr zu Wort kommt, sondern sang- und klanglos von der Bühne verschwindet, ohne noch einmal aufzutreten[10].

Obwohl **Hippolyta** mit etwa 30 Zeilen Text nur eine Nebenrolle hat, macht Shakespeare aus ihr eine komplexe Frauengestalt. Zu Beginn des 1. Akts wird deutlich, dass Theseus zwar Hippolytas Einwilligung, aber nicht unbedingt auch ihre Liebe gewonnen hat (siehe Schlüsselstellen, S. 63). Jedenfalls steht sie hier seiner ungeduldigen Erwartung des Hochzeitstermins durchaus abwartend gegenüber. Während er jeden Tag bedauert, der die eheliche Vereinigung hinauszögert, betrachtet sie dieses Ereignis eher als schicksalhaft. Hippolyta ergreift zwar nur selten das Wort, äußert aber deutlich ihre eigene Meinung, so in V, 1, 85 f., als sie sich gegen die Aufführung der Handwerker ausspricht. Sie fügt sich jedoch und vermeidet auch sonst jede Auflehnung gegen Theseus. Dadurch bestätigt sie seine führende Rolle als Herrscher und Ehemann und trägt so zu dem harmonischen Einklang bei, mit dem das Stück endet.

Lysander, Demetrius, Hermia, Helena

Verglichen mit Theseus und Hippolyta bleiben die jungen Paare als Individuen verhältnismäßig blass. Da sie im Wesentlichen Spielfiguren des von Oberon und Puck angerichteten Verwirrspiels sind, haben sie nur wenig Raum zur eigenen Entfaltung. Dabei sind die beiden Frauen im Ganzen deutlicher konturiert als ihre Liebhaber, deren Gefühle wiederholt durch magische Einwirkung von außen gesteuert werden.

Schon durch ihr Aussehen sind **Hermia** und **Helena** deutlich voneinander zu unterscheiden. Hermia ist klein, dunkelhaarig und von dunklerer Hautfarbe, was dem Schönheitsideal der Shakespearezeit eigentlich nicht entspricht. Der verzauberte Lysander beleidigt sie in III, 2 mit Worten wie „Ethiope“ („Afrikanerin, Äthiopierin“), „tawdry Tartar“ („braunes Tartarenweib“), „dwarf“ („Zwerg“) und „minimus“ („Wicht“). “Who will not change a raven for a dove?” fragt er herausfordernd (II, 2, 114) und stellt sie mit diesem wenig charmanten Vergleich der hellhäutigen Helena gegenüber.

Auch vom Temperament her sind die beiden Frauen verschieden. Hermia ist gefühlvoll, empfindsam und extrovertiert. Wenn sie gereizt wird, kann sie zornig werden und aggressiv reagieren. Als sie in III, 2 mit Helena aneinander gerät, droht sie ihr die Augen auszukratzen. Helena dagegen macht einen eher zurückhaltenden Eindruck. Sie ist weniger spontan als Hermia und neigt zu Selbstzweifeln. Obwohl sie keinen Grund dafür hat, hält sie sich für die Hässlichere. Schon bei ihrem ersten Auftritt, als Hermia sie mit „fair Helena“ begrüßt, antwortet sie: “Call you me fair? That fair again unsay!” (I, 1, 181) und wünscht sich, so auszusehen wie ihre Schulfreundin. In III, 2 glaubt sie, von beiden Männern und von Hermia verhöhnt zu werden, und sieht sich als Opfer einer Intrige. Noch gegen Ende von IV, 1, als die Paare von Theseus aus dem Zauberschlaf geweckt worden sind und sich die Ereignisse der Nacht als Traum erwiesen haben, klingt ihr Zweifel an, ob Demetrius' Liebe Bestand haben wird, wenn sie sagt: “And I have found Demetrius like a jewel, / Mine own, and not mine own.” (IV, 1, 189 f.)

Was die jungen Männer betrifft, so sind beide von Adel und vermögend, wie **Lysander** selbstbewusst gleich zu Anfang Theseus gegenüber betont: “I am, my Lord, as well deriv'd as he, [Demetrius] / As well possess'd; [...]” (I, 1, 99 f.) Durch den Zusatz „my love is more than his“ hebt er zugleich hervor, dass er die Rolle des adligen Liebhabers besser zu spielen weiß als sein Rivale. Dazu gehört auch, die Geliebte mit Gedichten, Gesang und Geschenken zu umwerben, was von dem argwöhnischen Egeus zu Unrecht als listige Verführungskunst gewertet wird (I, 1, 27–38), denn an der Ernsthaftigkeit von Lysanders Liebe zu Hermia kann kein Zweifel bestehen. Dafür spricht allein schon seine Entschlossenheit, mir ihr aus Athen zu fliehen und das Risiko einer Verbannung in Kauf zu nehmen.

Neben Lysander wirkt **Demetrius** als Liebhaber weniger überzeugend, wenn er auf einer Ehe mit Hermia besteht, obwohl diese ihn ablehnt. Auch dass er zuvor, wie es scheint, um Helena geworben und ihr dann den Rücken gekehrt hat, obgleich sie ihn anbetet, spricht nicht gerade für ihn. Zur komischen Figur wird er in II, 1, als er vor ihr flieht und sie ihn verfolgt. Erst der Zaubersaft bringt ihn dazu, Helena zu lieben. Der plötzliche Wandel seiner Gefühle für sie beruht mithin nicht auf einem inneren Vorgang, sondern auf Magie. Ob der Umstand, dass Demetrius' Verzauberung nicht rückgängig gemacht werden darf, auch eine geringere Qualität seiner Liebe zu Helena ausdrücken soll, wie einige Kommentatoren gemeint haben, ist allerdings zweifelhaft.

Oberon, Titania und Puck

Die Feen- und Geisterwelt des Sommernachtstraums besteht aus Wesen, die den Menschen im Allgemeinen wohlwollend gegenüberstehen. Anders als die Zwerge des Volksglaubens entstammen sie nicht der Unterwelt, sondern sind der Natur verwandt und sorgen für Harmonie und Ordnung im Kosmos. Sie können sich zanken und treiben gern Schabernack, achten aber darauf, dass niemand dabei zu Schaden kommt.

Oberon, Titania und Puck sind äußerlich erwachsenen Menschen ähnlich. Die Elfen ihres Gefolges dagegen sind von kindlicher Gestalt. Einige sind so klein, dass sie sich in Eicheln verstecken können oder mit einzelnen Bienen um deren Honig kämpfen müssen. Ein solches Wesen stellt sich zu Beginn des 2. Akts dem Publikum vor mit den Worten:

I do wander every where,
Swifter than the moon's sphere;
And I serve the Fairy Queen,
To dew her orbs upon the green.
The cowslips tall her pensioners be;
In their gold coats spots you see;
Those be rubies, fairy favours,
In those freckles live their savours.

I must go seek some dewdrops here,
And hang a pearl in every cowslip's ear.
(II, 1, 6–15)

Zu den Aufgaben dieser Dienerin Titanias gehört also die Pflege der Rasenringe[11] und das Ausstatten der aus Schlüsselblumen bestehenden königlichen Leibgarde mit Ohrschmuck aus Tautropfen.

Als ursprüngliche Darsteller kleinerer Elfen haben wir uns Londoner Chorknaben vorzustellen, die regelmäßig bei Theateraufführungen mitwirkten. Sie mussten nicht nur schauspielerisch begabt sein, sondern auch über musikalische Fähigkeiten verfügen, wie etwa zu Beginn von II, 2, als Titania von ihrer Dienerschar in den Schlaf gesungen wird. Hier wird eine mit Tanz verbundene musikalische Darbietung verlangt. Der zwischen Solo- und Chorpartien wechselnde Text (II, 2, 9–24) deutet auf eine opernartige Einlage hin.

Vier von Titanias Elfen sind durch ihre Namen hervorgehoben. Es sind die zu Bottoms Bedienung abgeordneten Peaseblossom, Cobweb, Moth und Mustardseed[12]. Die Namen deuten Winzigkeit und Zerbrechlichkeit an und verweisen gleichzeitig auf ihre Nützlichkeit für die Menschen. Bottom lobt denn in seiner Begrüßung auch sogleich ihre heilende Wirkung bzw. ihren kulinarischen Wert. (III, 1, 162 ff.)

Oberon und **Titania** sind nicht nur von menschlicher Gestalt, sondern tragen auch menschliche Charakterzüge. Der Streit des Königspaares ähnelt einem typischen Ehezwist. So werfen sie sich gegenseitig Untreue vor. Titania beschuldigt Oberon, in Hippolyta verliebt zu sein, und er hält ihr vor, ein Verhältnis mit Theseus gehabt zu haben. Eifersucht ist auch im Spiel, als es um den Hauptgrund der Auseinandersetzung geht, den indischen Edelknaben. Titania ist bei Shakespeare die Vorsteherin eines Ordens menschlicher Verehrerinnen. (II, 1, 123 ff.) Eine dieser Frauen, eine inzwischen verstorbene Inderin, ist die Mutter des

Kindes, das Titania an ihrer Stelle großzieht. Oberon gönnt ihr den Knaben nicht und ist eifersüchtig auf ihn, denn Titania liebt und verwöhnt ihn, als sei es ihr eigener Sohn.

Titanias mütterlicher Charakter kommt deutlich zum Vorschein, wenn es um den Schutz von Mensch und Kreatur vor dem Chaos geht, das durch den Ehestreit ausgelöst worden ist (II, 1, 88 ff.). Es hat Überschwemmungen und Unwetter gegeben, die Ernte ist vernichtet und Krankheiten haben sich ausgebreitet. Aus ihren Worten spricht Betroffenheit und Mitleid, während es Oberon allein auf die Durchsetzung seines Anspruchs auf den Edelknaben ankommt. In seinen Augen verlangt Titanias Weigerung eine Bestrafung, und so verfällt er auf die Idee, sie durch einen demütigenden Zaubertrick zum Gehorsam zu zwingen. Er entspricht damit der zeittypischen Vorstellung vom Primat des Ehemannes, der seine Rechte notfalls mit Gewalt durchsetzen darf.

Für Oberon spricht, dass er Mitleid mit Titania hat, sobald er die Folgen seines Tuns erkennt und beobachtet, wie sie sich in den eselsköpfigen Bottom verliebt. Sofort erlöst er sie von ihrem Wahn und versöhnt sich mit ihr. Im gemeinsamen Tanz und später durch die Teilnahme an der dreifachen Hochzeit im Palast von Athen erneuert er seinen Ehebund. Die positive Seite seines Charakters zeigt sich nicht zuletzt darin, dass er die Verwirrungen der jungen Paare zu einem glücklichen Ende bringt und am Schluss durch seinen Segen Frieden und Wohlergehen aller Ehepaare und ihrer Nachkommen sichert.

Bei allen Aufführungen des Sommernachtstraums kommt der Figur des **Puck** eine wichtige Rolle zu. Er ist durch seinen schillernden Charakter, seine Verwandlungs- und Verstellungskünste und seine alle anderen Darsteller überragende Bühnenpräsenz im Allgemeinen der Liebling des Publikums. Zu Shakespeares Zeit war „Puck" die Bezeichnung für eine bestimmte Art von Kobolden. Solche und ähnliche Wesen waren im Volksglauben weitverbreitet. Sie konnten bösartig sein und den Menschen schaden, wenn man sich nicht gut mit ihnen stellte, aber auch hilfsbereit, wenn man sie respektvoll behandelte. Shakespeares Puck weist beide Seiten auf. Zu Beginn des 2. Akts stellt die Elfe ihn dem Publikum vor mit den Worten:

Either I mistake your shape and making quite,
Or else you are that shrewd an knavish sprite
Call'd Robin Goodfellow. Are you not he
That frights the maidens of the villagery,
Skim milk, and sometimes labour in the quern,
And bootless make the breathless housewife churn,
And sometime make the drink to bear no barm,
Mislead night-wanderers, laughing at their harm?
Those that Hobgoblin call you, and sweet Puck,
You do their work, and they shall have good luck.
(II, 1, 32–41)

Hier wird eine ganze Liste von Pucks gewöhnlichen Schandtaten, aber auch seine gutmütige Seite erwähnt. Puck bestätigt diese Charakterisierung und fügt hinzu, er sei der Hofnarr Oberons. Voller Stolz zählt er einige Streiche auf, mit denen er die Gesellschaft unterhält, darunter den Stuhltrick, mit dem er offenbar besonders erfolgreich ist (II, 1, 51–57).

Puck ist nicht nur Oberons Hofnarr, sondern vor allem sein wichtigster Diener. Er verfügt über außerordentliche Fähigkeiten und kann z. B. die Erde in 40 Minuten umrunden oder im Nu den Wald so verdunkeln, dass Demetrius und Lysander sich nicht mehr zurechtfinden. Mit seinem Schabernack hält er nicht nur die Hofgesellschaft, sondern auch das Theaterpublikum bei Laune. Mit großem Vergnügen richtet er ein völliges Durcheinander auf der Bühne an. Dass er dabei manchmal die Gefühle der Betroffenen verletzt, scheint ihn nicht zu stören. Von sich aus zeigt er wenig Mitleid. Nützlich und hilfsbereit ist er eigentlich nur, wenn er von Oberon dazu angehalten wird.

Bottom

Nick Bottom unterscheidet sich von den übrigen „artisans“ oder „mechanicals“, wie die Handwerker meist genannt werden, durch seine individuelle Charakterisierung. Während alle anderen lediglich durch ihre sprechenden Namen[13] bzw. die dazugehörenden Gewerbe gekennzeichnet werden – nur Peter Quince macht in seiner Rolle als Dichter und Spielleiter eine Ausnahme –, ist Bottom eine außergewöhnliche Persönlichkeit (siehe auch Schlüsselstellen, S. 74 ff.). Er ist sicher der volkstümlichste Charakter des ganzen Werks. Während Puck als exotische Figur der Geistersphäre eher dem Gaukler- und Narrenmilieu zuzurechnen ist, stellt Bottom den bodenständigen Spaßmacher dar. Puck hat neben seiner Gutmütigkeit auch eine abgründige Seite aufzuweisen, Bottom dagegen ist ein Clown, der durch seine Menschlichkeit und unerschütterlich gute Laune die Sympathie der Zuschauer gewinnt. Dabei ist er keineswegs der Typ des dummen Tölpels, sondern verfügt über gesunden Menschenverstand, Selbstsicherheit und Pfiffigkeit. Seine Bildung lässt zwar sehr zu wünschen übrig und seine Verwechslung schwieriger Wörter und antiker Namen bringt den gebildeteren Quince immer wieder zur Verzweiflung, aber Bottom ist intelligent, beredsam und schlagfertig. Er fügt sich mühelos in seine Rolle als Liebhaber und Günstling Titanias, und sein höfisches Benehmen wäre untadelig, wenn er in seiner Eselsrolle nicht Heu und Hafer als Lieblingsspeise begehren würde und gewisse tierische Anwandlungen unterdrücken könnte.

Shakespeares Narren und Clowns sind selten nur komisch. Meist sind sie Philosophen und kommentieren die menschliche Natur von höherer Warte aus. Shakespeare hat Bottom, neben dessen Rolle als Clown, auch eine solche Funktion zugedacht. Er ist der einzige Mensch, der direkten Zugang zur Welt der Elfen hat, und seine Gedanken über das Verhältnis von Wirklichkeit und Traum rühren an ein zentrales Thema des Dramas. Wenn er sich nach dem Erwachen noch vage an seine Erlebnisse erinnert und sein Gefühl ihm sagt, was er nicht in Worten ausdrücken kann, ist er mit demselben Problem beschäftigt, das auch die beiden Liebespaare bewegt. “Are you sure / That we are awake? It seems to me / That yet we sleep, we dream” (IV, 1, 190 ff.), sagt Demetrius. Bottom möchte seine Erfahrung in einem Gedicht zum Ausdruck gebracht wissen, das „Bottoms Dream“ heißen soll, weil es unergründlich ist: “because it hath not bottom”. (IV, 1, 211 f.)[14]

Personengruppen (1–4) und -konstellationen

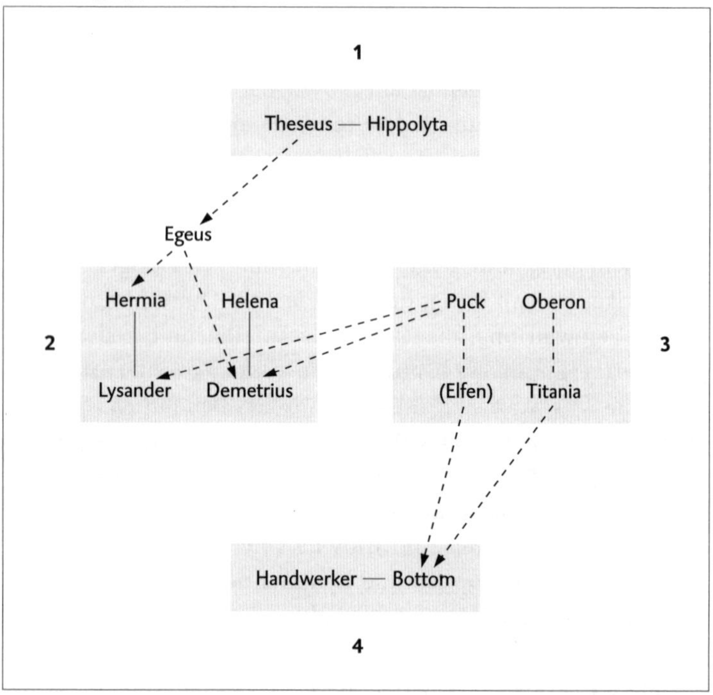

2 Form und Struktur

A Midsummer Night's Dream ist eine von Shakespeares „heiteren Komödien" *(happy comedies)*. Ihre Form geht auf antike Schriftsteller wie Plautus[15] und Terenz[16] zurück, deren Bearbeitungen griechischer Liebeskomödien sich in der Renaissancezeit großer Beliebtheit erfreuten. Im elisabethanischen England wurden solche Dramen in Schulen und Universitäten häufig aufgeführt und waren in lateinischer Sprache oder in englischen Übersetzungen allgemein zugänglich. Englische Theaterdichter knüpften an diese Tradition an und schufen bald ihre eigenen Komödien. Der wichtigste Vertreter dieses Genres in elisabethanischer Zeit ist John Lyly[17], aus dessen Werken Shakespeare in formaler Hinsicht wesentliche Merkmale übernommen hat. Neben Figurenvielfalt und verwirrenden Haupt- und Nebenhandlungen gehören hierzu Symmetrie, Parallelität und Gegenüberstellung.

Verlaufsstruktur und Handlungsstränge

Wie fast alle Dramen Shakespeares besteht *A Midsummer Night's Dream* aus fünf Akten. Diese Einteilung stammt wahrscheinlich nicht von Shakespeare selbst, sondern von den Herausgebern der Folio Edition. Sie entspricht dem überlieferten Muster, hat aber für die eigentliche Verlaufsstruktur nur die Funktion eines äußerlichen Ordnungsrahmens. Das grundlegende Schema für den Aufbau ist die klassische Abfolge von Exposition, Verwicklung und Auflösung *(denouement)*.

Im 1. Akt steht zunächst die Ausgangssituation mit Ort, Zeit und zugehörigen Personen im Vordergrund. Als spannungsauslösendes Ereignis dient der Konflikt zwischen Egeus und Hermia bzw. Lysander. Hermias Weigerung und Lysanders Fluchtplan bilden den Anfang einer Spannungskurve, die durch Helenas Absicht, Demetrius in das Geschehen einzubeziehen, noch gesteigert wird. Im 2. Akt kommt es durch das Eingreifen Oberons und den Irrtum Pucks zur Verwicklung des Geschehens. Der Höhepunkt des Durcheinanders ist schließlich die Streitszene in III, 2, 177–344. Es folgen die Auflösung der Spannung im 4. und der harmonische Ausklang im 5. Akt:

Verlaufsstruktur

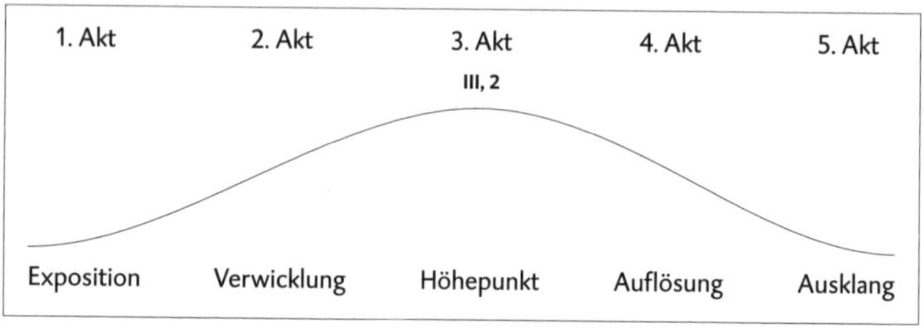

Um die eigentliche Komplexität des Aufbaus zu erkennen, bedarf es einer genaueren Betrachtung der Handlungsstrukturen. *A Midsummer Night's Dream* besteht aus vier verschiedenen Handlungssträngen, die auf kunstvolle Weise miteinander verflochten sind, aber dennoch jeweils eine eigene Geschichte erzählen. Der erste Handlungsstrang, die Hochzeit von Theseus und Hippolyta samt ihrer Vorbereitung, bildet den Rahmen für die übrigen Erzählungen. Durch Egeus' Auftritt wird die Rahmenhandlung bereits in I, 1 mit dem zweiten Handlungsstrang verknüpft, dem Liebesabenteuer von Hermia, Lysander, Helena und Demetrius. Parallel dazu werden die dritte und vierte Handlung um Oberon und Titania bzw. um Bottom und die Handwerker einbezogen. Im 2. und 3. Akt entsteht so eine vollständige Verflechtung der vier Erzählungen, an der alle Hauptpersonen bis auf Theseus und Hippolyta beteiligt sind. Der Wendepunkt hin zur Auflösung des Handlungsgeflechts wird am Anfang des 4. Akts erreicht, als Oberon und Titania sich versöhnen. Nun werden in schneller Folge alle Konflikte beseitigt, und mit Theseus' Erscheinen im Wald mündet das Geschehen wieder in die Rahmenhandlung ein. Im 5. Akt laufen schließlich alle Fäden zusammen. Ein dreifaches Hochzeitsfest, zu dem Elfen und Handwerker ihren Teil beitragen, sorgt für den harmonischen Ausklang.

Symmetrie

Der Begriff „Symmetrie" wird häufig verwendet, um typische Struktureigenschaften des Sommernachtstraums zu beschreiben. Damit ist eine Ausgewogenheit gemeint, wie man sie von musikalischen Formen oder tänzerischen Bewegungsabläufen kennt. Musik und Tanz sind ohnehin wichtige Bestandteile des Stücks und spielen bei jeder Inszenierung eine bedeutende Rolle. Hier sei nur auf Rundtanz und Gesang der Elfen („a roundel and a fairy song", II, 2,1) verwiesen, auf die Versöhnung zwischen Oberon und Titania (IV, 1, 83 ff.), die mit einem Tanz besiegelt wird, oder auf den „Bergomask dance" der Handwerker gegen Ende des letzten Akts. Gesang und Tanz der Elfen beschließen das Hochzeitsfest, bevor Pucks Epilog die Aufführung beendet.

Auf die Handlung übertragen, kann man ballettähnliche symmetrische Figuren im 3. Akt feststellen, in dem die vier jungen Leute von Puck in einer Folge von „Tanzschritten" im Kreis herumgeführt werden. Lysander beschwört Helena, die sich von ihm verhöhnt glaubt und Demetrius nachläuft, der wiederum Hermia anbetet, deren Gedanken auf Lysander gerichtet sind. Die nächste Formation ist eine Abseitsstellung: zwei Männer folgen einer Frau, die zweite steht allein an der Seite. Es folgt eine Über-Kreuz-Konstellation: Mann steht Mann und Frau steht Frau gegenüber.

Man kann sich leicht vorstellen, dass ein solches Spiel mit symmetrischen Figuren Auswirkungen auf die Bewegungsabläufe auf der Bühne hatte. Die Shakespearebühne mit ihrer weitläufigen quadratischen Form bot hierfür ideale Voraussetzungen. In seinem Buch *Shakespeare's Stagecraft* stellt J. L. Styan hierzu interessante Überlegungen an[18]. Am Ende des 3. Akts etwa nimmt Styan folgende Gruppierung der schlafenden Paare an:

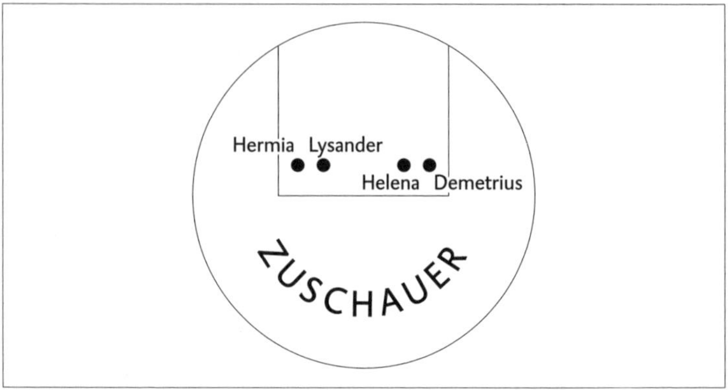

Auf Pucks beruhigende Versicherung, dass alles gut wird (461 ff.), folgt ohne Pause der 4. Akt. Titania und Bottom spielen ihre groteske Liebesszene, ohne die schlafenden Paare zu beachten oder von Oberon und Puck Notiz zu nehmen, die im Hintergrund stehen und das Geschehen beobachten. Nachdem die Elfenkönigin und ihr ungleicher Liebhaber eingeschlafen sind, ergibt sich die folgende symmetrische Gruppierung:

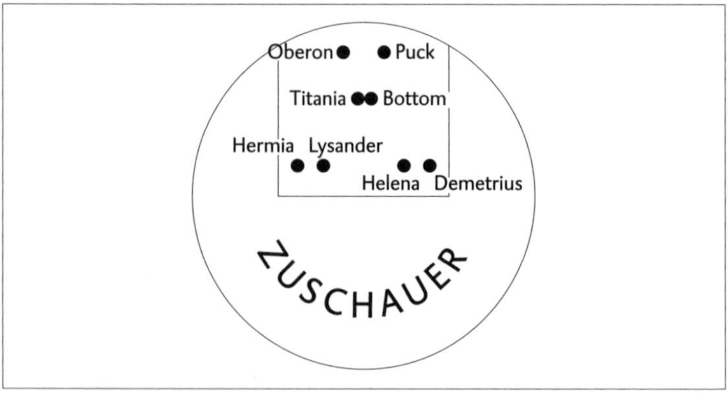

Auch die Szenenfolge der Komödie hat eine symmetrische Form. Das Stück besteht aus neun Szenen. Auf zwei in der Stadt und fünf im Wald folgen wieder zwei in Athen. Dabei ist von zwei Hauptspielorten – bei modernen Theatern würde man von Bühnenbildern sprechen – auszugehen: im Palast und in freier Natur. Hinzu kommt die Wohnung von Quince in den Szenen I, 2 und IV, 2. Diese sind nach bzw. vor den beiden Palastszenen eingeschoben, sodass sich ein doppelter Rahmen ergibt.

Szenenfolge

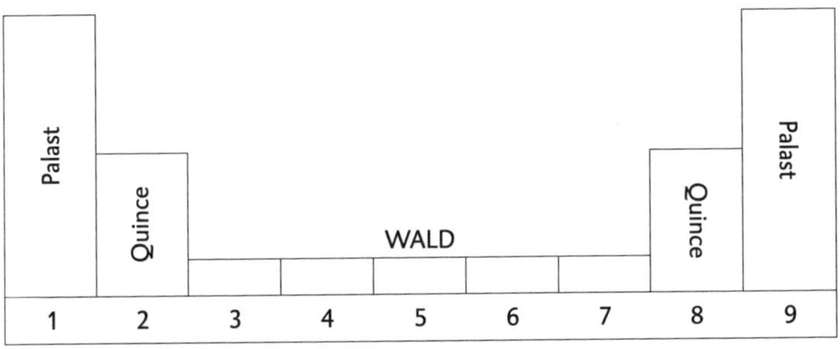

Für Shakespeares Bühne ist die Kennzeichnung der Spielorte zwar nicht von allzu großer Bedeutung, sie spiegeln aber das Handlungsgerüst wider und zeigen, dass der Dichter seinem Werk bewusst eine geschlossene architektonische Form geben wollte.

Parallelen und Kontraste

Parallelen und Kontraste sind Strukturmerkmale, derer sich Shakespeare im Sommernachtstraum wie auch in anderen Dramen häufig bedient. Beides gehört zusammen und ergänzt sich gegenseitig, wobei Parallelität auf Übereinstimmungen und Kontrastierung auf Unterschiede zielt.

Auffällige Parallelen weisen vor allem die vier Handlungsstränge auf. Vergleicht man zum Beispiel Titanias erwachende Leidenschaft für Bottom im 3. Akt mit Lysanders plötzlichem

Werben um Helena, so ist in beiden Fällen das Verhalten der Liebenden unerklärlich und überraschend für die Betroffenen, die im Gegensatz zu den Zuschauern nichts von der Verzauberung durch Oberon bzw. Puck wissen. Dennoch reagieren sie durchaus unterschiedlich: Helena fühlt sich verspottet (II, 2, 123: "Wherefore was I to this keen mockery born?"), während Bottom sich geschmeichelt fühlt.

Gegenüberstellungen von Charakteren, die verschiedenen Personengruppen angehören, fordern oft zu Vergleichen heraus. Puck und Bottom sind Spaßmacher ganz unterschiedlicher Art. Puck ist aktiv am komischen Geschehen beteiligt, während Bottom unfreiwilliges Opfer komischer Situationen wird, ohne sich dessen bewusst zu sein. Der Kontrast zwischen ihnen beruht auf dem Gegensatz zwischen Menschenwelt und Geisterreich. Ähnliches gilt für Theseus und Oberon. Beide sind Herrscherfiguren mit vergleichbaren Machtbefugnissen, obwohl ihre Machtbereiche kaum Gemeinsamkeiten aufweisen. Hippolyta und Titania haben als Frauen eine nachgeordnete Stellung und fügen sich dem Willen ihrer Ehemänner, wenn auch aus unterschiedlichen Beweggründen.

Ein Kontrast der besonderen Art besteht zwischen Pyramus und Thisbe und den beiden Paaren, die gerade erst dem Wahnsinn der Sommernacht entronnen sind. Die komische Tragödie ist, wenn man so will, eine Umkehrung der tragischen Komödie, die Lysander und Hermia, Demetrius und Helena erlebt haben. Allerdings kommen diese beiden Paare während des Spiels der Handwerker wohl kaum auf die Idee, dass auch ihre Liebe fast einen tragischen Ausgang genommen hätte, und da ihre Konflikte bereits gelöst sind, dient die komische Darbietung der tragischen Geschichte von Pyramus und Thisbe nun zur freudigen Bestätigung eines glücklichen Endes.

Von grundlegender Bedeutung sind schließlich auch die Gegenüberstellungen von Stadt und Wald, Tag und Nacht, Schlafen und Wachen, Traum und Wirklichkeit. Sie bestimmen Anfang und Schluss, Rahmen- und Binnenhandlung und legen zugleich die Thematik des Stücks fest. Form und Inhalt werden so in Übereinstimmung gebracht und zu einem in sich stimmigen Kunstwerk verschmolzen.

3 Sprache und Stil

Shakespeares sprachliche Kreativität ist einzigartig und hat erheblichen Einfluss auf die Entwicklung der englischen Sprache gehabt. Ohne ihn wäre der Wortschatz des Englischen um viele Begriffe und Wendungen ärmer. Wörter wie *assassination, accommodation, obscene, submerged, critical, demonstrate, emphasis, emulate, horrid, imitate, meditate, modest, prodigious, vast* und viele andere gehen auf Shakespeare zurück. Alltägliche Redewendungen, z. B. *fair play, tongue-tied, too much of a good thing, be that as it may, the long and the short of it, the game is up, lie low, truth will out, good riddance, eyesore, laughing stock, it's early days, it's high time, it's all one to me* stammen ursprünglich aus seinen Werken. Darüber hinaus hat er durch Ausschöpfung der syntaktischen und stilistischen Möglichkeiten die Ausdrucksvielfalt und Flexibilität des Englischen wesentlich erweitert.

Allerdings stellt Shakespeares Sprache an Leser und Theaterpublikum von jeher hohe Anforderungen. Dies gilt auch für Muttersprachler, ist doch sein Wortschatz mit etwa 30 000 Wörtern doppelt so groß wie der eines gebildeten Engländers oder Amerikaners[19]. Hinzu kommt, dass viele Wörter heute nicht mehr existieren oder sich ihre Bedeutung verändert hat. Auch Satzbau und stilistische Eigenschaften der Texte sind oft kompliziert und nicht auf den ersten Blick zu durchschauen. Dennoch lohnt es sich, etwas Zeit und Geduld aufzubringen, um Shakespeares Werke in ihrer Originalfassung zu studieren, denn auch die beste Übersetzung stellt immer nur eine Annäherung an das Original dar.

Vers und Prosa

Wie in allen Shakespearedramen sprechen auch im Sommernachtstraum die Charaktere vorwiegend in Versen. Etwa vier Fünftel des Textes bestehen aus verschiedenen Versformen, der Rest ist Prosa. Der **Blankvers** *(blank verse)* ist der von den Dramatikern des 16. und 17. Jahrhunderts bevorzugte Verstyp und kommt auch bei Shakespeare am häufigsten vor. Blankverse sind reimlose jambische Pentameter. Sie entsprechen dem natürlichen Rhythmus der englischen Sprache, sind aber, auf Shakespeares Einfluss zurückgehend, im 18. und 19. Jahrhundert auch zum Versmaß des klassischen deutschen Dramas geworden.

Ein Jambus ist ein Versfuß, der aus einer unbetonten und einer betonten Silbe besteht. Der jambische Pentameter stellt eine Abfolge von fünf Jamben dar, wie in den Versen 7 und 8 der 1. Szene:

Four days will quick-ly steep them-selves in night;
Four nights will quick-ly dream a-way the time;
x x́ | x x́ | x x́ | x x́ | x x́

Flexibilität und Ausdrucksfähigkeit des Blankverses beruhen auf dem Spannungsverhältnis von Metrum und Rhythmus. Das Metrum ist die hier durch Taktstriche und Akzente angedeutete gleichmäßige Abfolge von Silben nach dem vorgegebenen Schema. Der Rhythmus dagegen entsteht durch die sinngemäße Betonung beim Sprechen. In den beiden Beispielversen sind Metrum und Rhythmus weitgehend deckungsgleich. Das Ergebnis ist ein ruhiger, ausgeglichener Sprachfluss. Ganz anders klingen die folgenden Verse, mit denen Hermia ihr Entsetzen ausdrückt, als sie sich von Lysander verlassen glaubt:

Alack, where are you? Speak, an if you hear;
Speak, of all loves! I swoon almost with fear.
No? Then I well perceive you are not nigh.
Either death or you I'll find immediately.
(II, 2, 153 ff.)

Hier stimmen Metrum und Rhythmus nur in der ersten Verszeile überein. In den darauf folgenden wird die jeweils erste Silbe bei sinngemäßem Sprechen stark hervorgehoben. Außerdem erhalten die Wörter „hear" und „fear" durch Endstellung und Reim eine besondere Akzentuierung. Oft folgt auf eine solche „end-stopped line" wie hier eine kurze Pause, welche die Wirkung des letzten Wortes zusätzlich unterstreicht. Auch nach „No?" zu Beginn der nächsten Verszeile tritt eine Pause ein, denn Hermia lauscht einen Augenblick und wartet verzweifelt auf Lysanders Antwort.

Von den zahlreichen Möglichkeiten, den Blankvers rhythmisch zu variieren, seien hier noch geteilte Verszeilen erwähnt, sei es, dass der Satz das Zeilenende überspringt oder der Vers auf verschiedene Sprecher aufgeteilt wird, wie im folgenden Zitat. Theseus ermahnt Hermia, ihrem Vater zu gehorchen, und wird von ihr kurz unterbrochen:

THESEUS: [. . .] Demetrius is a worthy gentleman.
HERMIA: So is Lysander.
THESEUS: In himself he is;
But, in this kind, wanting your father's voice,
The other must be held the worthier.
(I, 1, 52ff.)

Die Zeilen 53 f. bilden einen Vers, in dessen Mitte Hermias kurze Unterbrechung mit dem betonten „So" am Anfang durch Theseus' sofortige Zurückweisung abgelöst wird, so als wollte er sagen: „Bitte, unterbrich mich nicht!"

Shakespeare verwendet Blankverse im Sommernachtstraum vor allem für die formelle Sprache der höfischen Gesellschaft und der Liebespaare. Daneben kommen aber auch **andere Versformen** vor. Die lyrische Sprache der Elfen und ihrer Zauberwelt wird häufig durch einen volksliedhaften Ton in einem vierhebigen gereimten Versmaß von der stilisierten höfischen Ausdrucksweise abgegrenzt. Auch Puck bedient sich meist dieser schlichten Sprache, etwa in III, 2, 396 ff.:

Up and down, up and down,
I will lead them up and down.
I am fear'd in field and town.
Goblin, lead them up and down.

Volkstümliche Beschwörungsformeln, die möglicherweise sogar auf einfache Melodien gesungen wurden, gehören auch zu Pucks sprachlichem Repertoire, wie etwa die folgenden an Kinderverse erinnernden Strophen:

On the ground
Sleep sound;
I'll apply
To your eye,
Gentle lover, remedy.

When thou wak'st,
Thou tak'st
True delight
In the sight
Of thy former lady's eye;
(III, 2, 448 ff.)

In komischem Kontrast zur Verssprache des Hofes und auch zu der oft künstlichen Rhetorik der Liebespaare steht die drastische Prosa der Rüpelszenen. Bottom und seine Freunde bedienen sich der gewöhnlichen Umgangssprache. Besonders auffallend ist der Unterschied beim Übergang von I, 1 zu I, 2. Man hat noch den gereimten Blankversmonolog Helenas im Ohr, mit dem sie ihr Unglück beklagt, da erscheinen die Handwerker, und Bottom ergreift sogleich die Initiative mit den Worten:

First, good Peter Quince, say what the play treats on; then read the names of the actors; and so grow to a point. [. . .] Now, good Peter Quince, call forth your actors by the scroll. Masters, spread yourselves.
(I, 2, 8 ff.)

„The most Lamentable Comedy and most Cruel Death of Pyramus and Thisbe“, so der volle Titel, ist ebenfalls in Versen gehalten, mit denen Shakespeare gewissermaßen seine eigene Verskunst parodiert. Er verwendet hier neben Blankversen eine burleske Variante von „eight and six“, einem Versmaß, das Quince in III, 1, 22 für den Prolog vorschlägt. Die komische Wirkung dieser Verse wird durch die Diskrepanz zwischen Form und Inhalt bis zum Äußersten gesteigert, wenn Pyramus und etwas später Thisbe ausgerechnet auf dem tragischen Höhepunkt sich dieses an Nonsensedichtung erinnernden Stils bedienen:

Come, tears, confound!
Out, sword, and wound
The pap of Pyramus;
Ay, that left pap,
Where heart doth hop.
(Stabs himself.)
Thus die I, thus, thus, thus!
Now am I dead,
Now am I fled;
My soul is in the sky.
Tongue, lose thy light;
Moon, take thy flight!
(Exit Moonshine.)
Now die, die, die, die, die.
(Dies.)
(V, 1, 286 ff.)

Der galoppierende Rhythmus dieser Verse und die sinnlosen Wiederholungen von „thus“ und „die“ lassen die Clownerie ahnen, mit der ein geübter Komiker[20] sich hier „umbringt“.

Textregie und Wortkulissen

Shakespeares Dramen sind nicht für Leser geschrieben, sondern für erfahrene Schauspieler. Es sind Skripte, die erst durch die Umsetzung auf der Bühne ihren Zweck erfüllen und ihre Wirkung entfalten. Der Dichter und seine Schauspielerkollegen wussten, wie das geschriebene Wort in lebendiges Theater zu übertragen war. Dazu enthalten die Dialoge selbst Hinweise auf die Art ihrer Ausführung. Wenn Titania zu Beginn des 4. Akts zu Bottom sagt:

Come, sit thee down upon this flow'ry bed,
While I thy amiable cheeks do coy,
And stick musk-roses in thy sleek smooth head,
And kiss thy fair large ears, my gentle joy.

so ist klar, was die Darsteller hierbei zu tun haben. Ebenso bedeuten Titanias Worte in II, 1, 61: „Fairies, skip hence“ natürlich, dass ihr Gefolge von der Bühne abtritt.

Für gewöhnlich fordern Shakespeares Texte die Fantasie der Zuschauer heraus. Da die Bühne fast keine Kulissen aufwies, musste das dichterische Wort die Einbildungskraft des Publikums durch entsprechende Textpassagen dazu bringen, sich die Szenerie vorzustellen. Solche Textstellen übernehmen die Funktion heutiger Bühnentechnik und werden daher auch als Wortkulissen bezeichnet. Sie gehen bei Shakespeare allerdings über die rein technische Funktion hinaus. Im Sommernachtstraum etwa beschwören Wortkulissen in poetischer Sprache die Natur herauf, den Wald mit Pflanzen und Tieren, den Mond und seine Bedeutung für die Menschen und die ländliche Idylle mit ihrer Mythologie.

Da die Einteilung der Dramen in Akte und Szenen erst in der Folio-Ausgabe auftaucht, nimmt man an, dass Shakespeare ursprünglich ganz auf diese Art der Gliederung verzichtete. Einschnitte wie Personen- und Ortswechsel wurden durch den Text signalisiert und Auf- und Abtritte durch entsprechende Äußerungen der beteiligten Akteure hervorgehoben. Zum Beispiel stellen sich zu Beginn des 2. Akts die Elfe und Puck gegenseitig vor und schildern ihre Tätigkeit und Wesensart. Dabei deutet die Elfe den Spielort an, indem sie auf Pucks Frage "How now, spirit! Whither wander you?" Berg und Tal, Gebüsch und Dornen, kurz die Naturszenerie erwähnt. Wenig später bereiten die beiden den Auftritt von Oberon und Titania vor. Mit Pucks Worten "But room, fairy! Here comes Oberon" und der Hinzufügung "And here my mistress" durch die Elfe (II, 1, 58 f.) kündigen sie die Ankunft des Herrscherpaars an und machen das Publikum mit den beiden bekannt.

Zusätzlich werden Einschnitte meist durch Reime gekennzeichnet. Ein Beispiel sind die handlungsentscheidenden Anweisungen Oberons an seinen Diener am Ende von II, 1. Einige der hier vorkommenden Reime *(eyes – fantasies, grove – love, man – on)* sind heute allerdings nicht mehr als solche zu erkennen, da sich die Aussprache geändert hat. Die beiden letzten Zeilen: "And look thou meet me ere the first cock crow" mit Pucks abschließender Bestätigung "Fear not, my lord; your servant shall do so" (267 f.) haben jedoch ihre einen Schlusspunkt setzende Klangwirkung behalten.

Wortspiele und andere Stilmittel

Zu Shakespeares bevorzugten Stilmitteln gehören Wortspiele *(puns)*. Hierbei wird ein Wort in verschiedenen Bedeutungen gebraucht. Zum Beispiel sagt Helena zu ihrer Rivalin in I, 1, 186 ff.:

Sickness is catching; O, were favour so,
Yours would I catch, fair Hermia, ere I go!
My ear should catch your voice, my eye your eye,
My tongue should catch your tongue's sweet melody.

Hier wird das Verb „to catch" zunächst im Sinne von „anstecken" gebraucht. Helena wünscht sich, „favour" (Schönheit) wäre wie eine Krankheit, damit sie sich bei Hermia anstecken könnte. In den beiden folgenden Versen bedeutet „catch" in Verbindung mit „ear", „eye", „voice" und „tongue" dann „sich zu eigen machen".

Ein anderes Beispiel findet sich in Helenas Monolog gegen Ende von I, 1:

For ere Demetrius look'd on Hermia's eyne,
He hail'd down oaths that he was only mine;
And when this hail some heat from Hermia felt,
So he dissolv'd and show'rs of oaths did melt.
(I, 1, 242 ff.)

In Vers 243 hat „hail" einen doppelten Sinn. Als „Hagel" gedeutet, kann „he hailed down oaths" heißen: „er ließ es Schwüre hageln". Als transitives Verb hat „hail" aber auch die Bedeutung „to call" und würde das Herabrufen von „beim Himmel" geschworenen Eiden meinen. In den folgenden Versen wird „hail" wieder zu Hagel, der durch die von Hermia ausgehende Wärme, also ihren Liebreiz, dahinschmilzt und sich auflöst.

Eine besondere Art von Wortspielen sind die sogenannten **Malapropismen** *(malapropisms)*[21]. Shakespeare benutzt dieses komische Stilmittel oft in Rüpelszenen, wo seine Charaktere mit schwierigen Fremdwörtern oder Namen glänzen möchten und sich zur Freude des Publikums dabei blamieren. Im Sommernachtstraum ist es Bottom, der auf diese Weise die Zuschauer unterhält. In I, 2, 72 f. sagt er: "[...] I will aggravate my voice so, that I will roar you as gently as any sucking dove". Dabei verwechselt er nicht nur „aggravate" mit „moderate", sondern bringt auch noch „sucking lamb“ und „sitting dove“ durcheinander. Am Ende der Besprechung mit seinen Kollegen in I, 2, 94 f. kündigt er an: “We will meet; and there [in the forest] we may rehearse most obscenely and courageously.” Statt „obscenely“ meint er wahrscheinlich „seemly“, also das Gegenteil, und was „courageously“ hier bedeuten soll, bleibt sein Geheimnis, es sei denn, er fürchtet, eine Probe im Wald könne mit Gefahren verbunden sein.

Eine Beschreibung von Shakespeares Sprachstil muss sich nicht zuletzt mit der vielfältigen und manchmal sehr komplexen **Bildersprache** *(figurative speech)* des Dichters beschäftigen. Sie dient vornehmlich dazu, abstrakte Sinngehalte durch Vergleiche oder ähnliche Stilmittel anschaulich zu machen bzw. rhetorisch zu schmücken. Wenn Theseus etwa zu Beginn des 1. Akts vom Mond sagt: “She lingers my desires, / Like to a step-dame or a dowager, / Long withering out a young man’s revenue”, so vergleicht er den im Englischen weiblichen Mond mit einer Stiefmutter oder Witwe, die ihrem Sohn sein Erbe vorenthält, solange sie noch am Leben ist. Er will damit sagen, dass ihm die vier Tage bis zum Neumond, dem Tag seiner Vermählung mit Hippolyta, sehr lang vorkommen. Das *tertium comparationis*[22] ist das langsame Vergehen der Zeit und die dadurch ausgelöste Ungeduld des Wartens. Häufig findet man abgekürzte Vergleiche wie die folgenden Beispiele: “Your eyes are lode-stars, and your tongue’s sweet air / More tuneable than lark to shepherd’s ear / When wheat is green, when hawthorn buds appear.” (I, 1, 183 ff.) Helena sagt nicht von Hermias Augen, diese seien *wie* Leitsterne, und von ihrer Zunge, sie sei *wie* eine süße Melodie, sondern bezeichnet sie direkt als solche.

Diese Vergleiche nähern sich der **Metapher** *(metaphor)*, bei der das eigentlich gemeinte Wort durch ein anderes, meist poetischeres ersetzt wird. In dem folgenden Dialogausschnitt zum

Beispiel werden Hermias bleiche Wangen als verwelkte Rosen bezeichnet und ihre Tränen als Regen:

> LYSANDER. *How now, my love? Why is your cheek so pale?*
> *How chance the roses there do fade so fast?*
> HERMIA. *Belike for want of rain, which I could well*
> *Beteem them from the tempest of my eyes.*
> (I, 1, 128 ff.)

In I, 1, 234 ff. gebraucht Helena eine Stilfigur, die in der Renaissance sehr beliebt war. In ihrem Monolog über das Wesen der Liebe heißt es:

> *Love looks not with the eyes, but with the mind;*
> *And therefore is wing'd Cupid painted blind.*
> *Nor hath Love's mind of any judgement taste;*
> *Wings, and no eyes figure unheedy haste;*
> *And therefore is Love said to be a child,*
> *Because in choice he is so oft beguil'd.*
> *As waggish boys, in game, themselves forswear,*
> *So the boy Love is perjur'd everywhere; [...]*

Es handelt sich hier um ein **Emblem** *(emblem)* oder Sinnbild, nämlich die bekannte Vorstellung von Amor *(Cupid)*, dem römischen Liebesgott, der als blinder, geflügelter Knabe mit Pfeil und Bogen abgebildet wird. Helena liefert auch gleich die übliche symbolische Bedeutung mit: Blindheit heißt, dass Liebe nicht von äußerlicher Schönheit abhängt, die Flügel stellen Übereilung dar, die Jugend des Knaben Unzuverlässigkeit und mangelnde Urteilskraft. Solche und andere Stilmittel des uneigentlichen oder metaphorischen Sprachgebrauchs stammen aus der antiken Rhetorik und sind typisch für Shakespeare und die Literatur seiner Zeit.

4 Themen und Motive

Unter dem Thema *(theme)* eines literarischen Werks versteht man die das Ganze bestimmende Idee. Im Sommernachtstraum gibt es mehrere Themen, die sich gegenseitig ergänzen und daher nicht eindeutig voneinander abgrenzen lassen. Auch der Begriff „Motiv" *(motif)* lässt sich nicht exakt definieren. Er wird meist in Bezug auf wiederkehrende inhaltliche Vorstellungsmuster gebraucht. Motive werden oft mit Themen gleichgesetzt, sind aber im Unterschied zu diesen weniger umfassend und decken meist nur Teilbereiche der Thematik ab.

Thematik

Liebe und Ehe sind traditionelle Themen elisabethanischer Komödien. Meist geht es um Hindernisse, die sich einem Liebespaar in den Weg stellen und mit List oder durch überraschende Zwischenfälle beseitigt werden. Auch Shakespeare hält in seinen frühen Komödien an diesen Konventionen fest. Im Sommernachtstraum fügt er zu zwei jungen Paaren noch ein gereiftes Herrscherpaar hinzu, sodass das Stück mit einer dreifachen Hochzeit glanzvoll enden kann. Außerdem greift er das Ehethema anhand des Streits zwischen Oberon und Titania auf und bezieht auch die Versöhnung dieses Paares in den festlichen Ausklang mit ein.

Liebe und Eheschließung gehören in der Literatur der Renaissance untrennbar zusammen. Stets ist eine Hochzeit Ziel und Erfüllung der erzählten Geschichte. Ferner gehört es zur Zeitgebundenheit der elisabethanischen Liebesdichtung, dass männliche Autorität und weibliche Unterordnung nicht infrage gestellt werden. Im Sommernachtstraum hat Theseus Hippolyta im Kampf für sich erobert, und Oberon macht Titania durch einen Zaubertrick gefügig. Hermia und Helena sind zwar eigenwillige Charaktere, solange sie noch unverheiratet sind, aber als Ehefrauen verhalten sie sich während des Hochzeitsmahls auffallend schweigsam. Und schließlich erteilt Oberon als höchste männliche Autorität des Dramas am Ende allen Verheirateten seinen Segen und gewährleistet damit, dass ihre Ehen glücklich verlaufen werden.

Wenn es um Liebe und Ehe geht, so ist im elisabethanischen Drama im Allgemeinen die Liebe das Problem und die Ehe die Lösung. Im Sommernachtstraum stehen Fragen nach dem Wesen wahrer Liebe, nach ihrer Beständigkeit und ihrer Bedeutung im Vordergrund. Wann ist Liebe echt, wann ist sie Täuschung? Wie ist es um das Verhältnis von Liebe und Realität, von Liebe und Identität bestellt? Dies sind Themen, die Shakespeare aufgreift und mit den Mitteln des Theaters beleuchtet.

Lysander (Dominic West) und Hermia (Anna Friel) in Michael Hoffmanns Verfilmung von 1999

Unsicherheit und Gefährdung der Liebenden stehen am Anfang des Dramas. Lysander und Hermia beklagen in einem rhetorisch bestechenden Diskurs die zahlreichen Gefahren, denen die Liebe ausgesetzt ist (I, 1, 134 ff.). "The course of true love never did run smooth" – so lautet die These. Lysander trägt die Beweise einzeln vor und Hermia fügt jeweils ihre Bewertung hinzu. In stichomythischer Form[23] werden hier die Argumente abgehandelt: Standesunterschiede (Hohes passt nicht zu Niedrigem), Altersdifferenz (Alter passt nicht zu Jugend), Einflussnahme durch Dritte (statt eigener Entscheidung). Es folgen schicksalhafte Bedrohungen wie Krieg, Tod und Krankheit. Lysanders Fazit lautet: Liebe ist ein flüchtiges Phänomen („swift", „short", „brief"), und es bleibt Hermia überlassen, daraus die Schlussfolgerungen zu ziehen: "Then let us teach our trial patience." Geduldiges Ertragen aller Prüfungen gehört zur Liebe ebenso wie Nachdenklichkeit, Träume, Seufzer, Wünsche und Tränen.

Lysanders Urteil fasst die drohenden Gefahren in dem Begriff „confusion" (I, 1, 149) zusammen und greift damit einen zentralen Aspekt des Dramas auf. „Confusion" bedeutet bei Shakespeare fast immer eine bedrohliche Störung der natürlichen Harmonie der Welt, ein Thema, das nicht nur im Sommernachtstraum, sondern im Gesamtwerk des Dichters von grundlegender Bedeutung ist. Nichts fürchten er und die Menschen seiner Zeit mehr als das Chaos, das oft von bösen Geistern und finsteren Mächten ausgelöst wird und vor allem die Thematik der Tragödien bestimmt.

Auch in Komödien wie dem Sommernachtstraum sind **Ordnung und Chaos** für die Bewertung des Geschehens entscheidende Kriterien. Nicht nur die jungen Paare sind von Unordnung bedroht, auch Titania in ihrer unnatürlichen Vernarrtheit, Bottom in seiner tierischen Verwandlung und die gesamte durch den Streit des Elfenpaares ins Wanken gebrachte Natur.

Shakespeares Weltbild beruht auf der Idee einer konstanten Daseinsordnung, in der Liebe und Ehe einen festen Platz haben. Wenn die Harmonie zwischen Oberon und Titania gestört ist, geraten die fein aufeinander abgestimmten Lebenswelten von

Menschen, Tieren und Pflanzen aus dem Gleichgewicht. Titania ist sich dessen bewusst, wenn sie ihrem Gatten vorwirft, durch sein eheliches Verhalten für Katastrophen wie Überschwemmungen, Hungersnöte und Seuchen verantwortlich zu sein. (II, 1, 88 ff.) Oberon gesteht dies ein, weist aber zugleich darauf hin, dass sie mindestens ebenso schuldig an diesem Durcheinander sei. Freilich hat der Ehestreit des Herrscherpaares der Naturgeister schwerwiegendere Folgen als die Liebesbeziehungen der Menschen, aber auch für Hermia, Helena, Lysander und Demetrius gilt das Gesetz der harmonischen Übereinstimmung mit der gottgewollten natürlichen Ordnung. Die Betonung von Hochzeit und Ehe hängt mit der Vorstellung zusammen, dass dadurch die emotionalen Verirrungen der Liebe gebannt werden.

Das Chaos, dem die Liebespaare ausgesetzt sind, wird zwar von Pucks und Oberons Zaubertricks ausgelöst, kann aber als Beispiel für ein Verhalten verstanden werden, das Verliebte typischerweise an den Tag legen und das die Unbeständigkeit menschlicher Emotionen deutlich macht. Dass Lysander plötzlich Helena verehrt und Demetrius, der eben noch vor dieser geflohen ist, sie nun ebenfalls anbetet, zeigt die Unzuverlässigkeit ihrer Gefühle. Liebe lässt sich nicht rational erklären; sie geht ihre eigenen widersprüchlichen Wege. In Helenas Monolog gegen Ende von I, 1 ist dieser Gedanke im Bild des blinden Liebesgottes schon angeklungen. „Liebe macht blind“, sagt auch der Volksmund, und Shakespeares Komödie variiert dieses Thema auf verschiedenen Ebenen.

Neben Liebe und Ehe bzw. Unordnung und Ordnung bilden Illusion, Täuschung, **Schein und Wirklichkeit** einen weiteren wichtigen Themenbereich. Zweifel an der Gültigkeit des soeben Erlebten bestimmen die Dialoge der Liebespaare nach dem Erwachen aus dem Zauberschlaf. Demetrius meint: “These things seem small and undistinguishable, / Like far-off mountains turned into clouds.” Er fragt die anderen: “Are you sure / That we are awake? It seems to me / That yet we sleep, we dream." Auch Hermia ist sich nicht sicher, ob sie wach ist oder träumt: "Methinks I see these things with parted eye, / When every thing seems double". Helena ergeht es ähnlich: "So methinks; / And I have found Demetrius like a jewel, / Mine own, and not mine own." (IV, 1, 185 ff.)

Titania erlebt zu Beginn des 4. Akts eine vergleichbare Situation, als sie erwacht und den verzauberten Bottom neben sich erblickt. Dieser kann sich seinen „Traum" ebenso wenig erklären. Die in diesem Zusammenhang häufig wiederkehrende Augen-Metapher („parted eye") ist Ausdruck der Verwirrung: Der Augenschein kann trügen, und was man zu sehen glaubt, kann sich als Täuschung erweisen. So sagt die erwachende Titania: "O, how mine eyes do loathe his visage now!" (IV, 1, 77) und spricht damit aus, dass sie sich auf ihre Augen nicht verlassen kann. Nichts scheint, wie es ist, und nichts ist, wie es scheint im Licht des Mondes über dem Wald von Athen.

Die Erfahrung, dass Zauber und Fantasie die Dinge verändern können, ist eine Grundidee des Dramas. Die reale Welt ist nicht so real, wie es den Anschein hat. Menschen können sich verwandeln oder verwandelt werden. Zwischen Traum und Wirklichkeit zu unterscheiden, ist nicht immer möglich. Schließlich ist das Drama selbst nur ein „Midsummer Night's Dream", ein Spiel der Schatten, wie Puck im Epilog andeutet:

If we shadows have offended,
Think but this, and all is mended,
That you have but slumber'd here
While these visions did appear.
And this weak and idle theme,
No more yielding but a dream,
Gentles, do not reprehend:
If you pardon, we will mend.
(V, 1, 410 ff.)

Was die Zuschauer auf der Bühne gesehen haben, waren „visions“, Einbildungen, die sie gleichsam im Schlaf erlebt haben. Die Schauspieler selbst waren nur „shadows“, sie haben das Bühnengeschehen vorgetäuscht, so wie Bottom und seine Freunde, wenn sie vorgeben, Pyramus oder Thisbe, Mond, Wand oder Löwe zu sein. Und doch ist das Vorgespielte etwas, das man sehen und erleben kann, und ein Traum ist für den Träumenden von der Wirklichkeit meist nicht zu unterscheiden.

Das Verhältnis von Traum bzw. Fantasie auf der einen und Wirklichkeit auf der anderen Seite ist ein Problem, mit dem sich auch mancher Philosoph schon auseinandergesetzt hat. Theseus vertritt einen skeptischen Standpunkt, wenn er feststellt:

The lunatic, the lover, and the poet,
Are of imagination all compact:
One sees more devils than vast hell can hold;
That is the madman. The lover all as frantic,
Sees Helen's beauty in a brow of Egypt.
The poet's eye, in a fine frenzy rolling,
Doth glance from heaven to earth, from earth to heaven;
And as imagination bodies forth
The forms of things unknown, the poet's pen
Turns them to shapes, and gives to airy nothing
A local habitation and a name. (V, 1, 7 ff.)

Theseus' Überlegungen spiegeln Shakespeares Selbstironie als Dichter wider, der mit vielen Worten „Luftgespinste“ („airy nothing“) in die Welt setzt, die seiner überreizten Einbildungskraft entsprungen sind. Er lässt Hippolyta allerdings sogleich ein gewichtiges Gegenargument vortragen:

But all the story of the night told over,
And all their [the lovers'] minds transfigur'd so together,
More witnesseth than fancy's images,
And grows to something of great constancy,
But howsoever, strange and admirable. (V, 1, 23 ff.)

Mit diesen Worten entkräftet sie nicht nur Theseus' skeptischen „gesunden Menschenverstand“, sondern gibt zugleich einen Hinweis, wie Shakespeare sein Werk verstanden wissen wollte. Die „story of the night“ ist der Sommernachtstraum, ein Kunstwerk dichterischer Fantasie, das mehr enthält als erfundene Bilder und sich bei genauer Betrachtung als ein Etwas von großer Beständigkeit *(constancy)* und Stimmigkeit erweist. Wie die Erlebnisse der beiden Liebespaare hat das ganze wundersame Theaterstück als eine besondere Art der Wirklichkeit zu gelten, die über den Horizont des Alltagsverstandes hinausgeht.

Motive

A Midsummer Night's Dream zeugt von Shakespeares Liebe zur Natur und von seiner Vertrautheit mit dem Leben auf dem Land. Das magische Verständnis natürlicher Vorgänge und die damit verbundenen mythischen Vorstellungen dürften dem Dichter seit seiner Jugendzeit bekannt gewesen sein. Schon der Titel der Komödie verweist auf solche Motive. Nicht eine beliebige Sommernacht ist gemeint, wie die übliche deutsche Übersetzung vermuten lässt, sondern die **Mittsommernacht**, die Nacht vor dem *Midsummer Day*, dem 24. Juni. In der angelsächsischen Folklore ist das Datum mit allerlei fantastischen Bräuchen verbunden. Man glaubte, gute und böse Geister seien in dieser Nacht überall am Werk, und Shakespeares Komödie ist voller Hinweise auf solche Vorstellungen. Dazu gehört die Verwirrung, die Puck anrichtet, ebenso wie die Unordnung im natürlichen Jahresablauf, die Titania beklagt.

Eine besondere Rolle spielt dabei der **Mond**. Der Ausdruck „Midsummer moon“ ist noch heute ein Synonym für Wahnsinn. “It's Midsummer moon with him” ist eine Redensart, mit der man jemanden als völlig verrückt bezeichnet. Der Mond ist zudem ein wandelbares Gestirn. Er gilt als kosmisches Zeichen der Verzauberung und kündigt als Beherrscher der Gewässer

und Gezeiten häufig Unheil an. Anspielungen auf den Mond bzw. die Mondgöttin Phoebe, auch Diana genannt, durchziehen den Dramentext von der ersten bis zur letzten Szene. Theseus' Eröffnungsworte und Hippolytas Erwiderung betreffen den Zeitraum von vier Tagen bis zum Neumond, womit zugleich Beginn und Ende des Stücks festgelegt werden.

Im Verhältnis zwischen Oberon und Titania spielt der Mond eine schicksalhafte Rolle. "Ill met by moonlight", sagt Oberon zu Beginn des Streitgespächs, und Titania führt das durch den Streit ausgelöste Unheil auf den Mond, "the governess of floods", zurück. (II, 1, 103 ff.) „Swifter than the wand'ring moon" umkreist das Elfenpaar nach der Versöhnung den Erdball. (IV, 1, 96) Bisweilen dient die Erwähnung des Mondes zur Hervorhebung bestimmter Textstellen, die dadurch an Bedeutsamkeit gewinnen, etwa als Hermia und Lysander ihre Flucht aus Athen verabreden:

Tomorrow night, when Phoebe doth behold
Her silver visage in the wat'ry glass,
Decking with liquid pearl the bladed grass,
A time that lover's flights doth still conceal,
Through Athen's gates have we devis'd to steal.
(I, 1, 209 ff.)

Auch als Symbol der Keuschheit kommt der Mond vor, z. B. in II, 1, 155 ff., wo Oberon seinem Diener erzählt, wie er auf die Zauberblume aufmerksam wurde, deren Saft ihm eine so handlungsentscheidende Macht verleiht:

That very time I saw, but thou couldst not,
Flying between the cold moon and the earth
Cupid, all arm'd; a certain aim he took
At a fair vestal, throned by the west,
And loos'd his love-shaft smartly form his bow,
As it should pierce a hundred thousand hearts.
But I might see young Cupid's fiery shaft
Quench'd in the chaste beams of the watery moon;
And the imperial votress passed on,
In maiden meditation, fancy-free.

Diese Textstelle stellt eine Huldigung an die „Virgin Queen" Elizabeth dar („fair vestal, throned by the west"), deren Ehelosigkeit als Keuschheit gedeutet wurde und ihren untadeligen Charakter unterstreichen sollte. Der für sie bestimmte „feurige" Pfeil des Liebesgottes Cupid wird durch den keuschen Mond „gelöscht" und berührt, statt die „imperial votress" zu treffen, eine kleine Blume, die dadurch den Liebeszauber auslösen kann.[24]

Auch die Handwerker vergessen nicht, den Mond in ihrer Tragödie persönlich auftreten zu lassen. In komischem Kontrast zu seiner mythischen Natur erscheint er in der Darstellung durch Starveling als harmloser Nachtwächter mit Hund und Laterne und wird von der Hochzeitsgesellschaft spöttisch gewürdigt. Theseus, Hippolyta, Demetrius und Lysander kommentieren seinen Auftritt, und Pyramus-Bottom bedankt sich wortreich bei ihm:

Sweet Moon, I thank thee for thy sunny beams;
I thank thee, Moon, for shining now so bright;
For, by thy gracious, golden, glittering gleams,
I trust to take of truest Thisbe sight.
(V, 1, 263 ff.)

Ähnlich wie der Mond ist der **Wald** mit seinen Gefahren ein mythisches Motiv, das alle Naturgewalten mit einschließt. Er ist das Reich der Elfen und Kobolde, der guten und der bösen Geister. Hier kommt es auf den Wechsel von Tag und Nacht, von Licht und Finsternis an. Bei Nacht, wenn der Wolf heult und die dunklen Mächte erwachen, wird der Wald sogar den Elfen gefährlich. Puck warnt Oberon vor den Geistern der Verdammten, die nachts ihr Unwesen treiben und erst in der Morgendämmerung in ihre Gräber zurückkehren, weil sie das Licht des Tages scheuen:

My fairy Lord, this must be done with haste,
For night's swift dragons cut the clouds full fast;
And yonder shines Aurora's harbinger,
At whose approach ghosts, wand'ring here and there,
Troop home to churchyards. Damned spirits all,
That in cross-ways and floods have burial,
Already to their wormy beds are gone,
For fear lest day should look their shames upon;
They wilfully themselves exil'd from light,
And must for aye consort with black-brow'd night.

Oberon entgegnet:

But we are spirits of another sort:
I with the Morning's love have oft made sport;
And, like a forester, the groves may tread
Even till the eastern gate, all fiery red,
Opening on Neptune with fair blessed beams,
Turns into yellow gold his salt green streams.
(III, 2, 378 ff.)

Als Elfenkönig ist er ein Lichtgeist, der den Tag liebt und wie ein Jäger bei Sonnenaufgang den Wald durchstreift. Der Wald der Elfen ist der Wald des Sommertags, nicht der Sommernacht. Ihre Feste, Tänze und sonstigen Rituale sind eine freudige Bestätigung der Schönheit der Welt und des Lebens.

Für die Menschen ist der Wald beides: Gefahr und Hoffnung. Im Dunkel der Nacht verliert die Wirklichkeit ihre Konturen, sodass Gefühl und Verstand sich verwirren. Verzauberung und

Verwandlung lassen die Liebenden an ihrer Liebe zweifeln und bedrohen ihre Identität. Doch wenn die Nacht vergeht und der Wald nicht mehr ein Irrgarten ist, sondern Theseus und Hippolyta, Vernunft und Schönheit verkörpernd, erscheinen und Hundegebell und Jagdhörner erschallen, löst sich die Bedrohung durch das Elementare. Ordnung und Zivilisation halten wieder Einzug in das Leben der Menschen und der Spuk der Mittsommernacht ist vorüber.

5 Schlüsselstellen

Das Spiel wird eröffnet (I, 1, 1–127)

Die Eröffnungsszenen in Shakespeares Stücken haben meist eine doppelte Funktion: das Publikum zu fesseln und es auf die Thematik einzustimmen. Dies geschieht zu Beginn des Sommernachtstraums durch den Konflikt zwischen Vater und Tochter sowie die Rivalität von Lysander und Demetrius.

Das Thema Liebe bzw. Hochzeit klingt in Theseus' ersten Worten bereits an: "Now, fair Hippolyta, our nuptial hour / Draws on apace". (I, 1, 1 f.) Die Ungeduld, mit der er seine Eheschließung erwartet, und Hippolytas eher zurückhaltende Reaktion lassen vermuten, dass die Beziehung nicht ohne Spannungen ist. Ob Hippolyta ihre Vermählung ebenso sehnsüchtig herbeiwünscht wie Theseus, ist fraglich. In dem kurzen Eröffnungsdialog zeigt sie sich auffallend wortkarg und scheint ihm zu widersprechen. Er vergleicht den abnehmenden Mond mit einer gebrechlichen alten Frau, während sie den Neumond als abschussbereiten Bogen begrüßt, von dem sie sich offenbar eine bessere Zukunft erwartet. Theseus geht in seiner Antwort darauf ein, indem er ihr einen Neuanfang verspricht:

Hippolyta, I woo'd thee with my sword,
And won thy love doing thee injuries;

But I will wed thee in another key,
With pomp, with triumph, and with revelling. (16 ff.)

Aus seinen Worten lässt sich schließen, dass Hippolyta nicht aus freien Stücken seine Frau wird, sondern kriegerische Auseinandersetzungen sie dazu gezwungen haben.

Der unangekündigte Auftritt von vier neuen Personen unterbricht das Gespräch und verlangt nunmehr unsere Aufmerksamkeit. Auf Egeus' ehrfürchtige Begrüßung "Happy be Theseus, our renowned Duke!" folgt in wohlgesetzten Worten seine Anklage, und die Szene nimmt den Charakter einer Gerichtsverhandlung an. Denkbar ist, dass Theseus auf einem Podest oder Thron Platz nimmt, um so seine Funktion als oberster Richter zu unterstreichen.

Egeus stellt die Beteiligten vor: seine Tochter Hermia, die Angeklagte, und Lysander und Demetrius als Zeugen. Seine Rede ist voller Selbstmitleid und wirft kein gutes Licht auf seinen Charakter. Immer wieder betont er, Hermia sei sein Eigentum, über das er nach Gutdünken verfügen könne: "As she is mine, I may dispose of her" (42). Formulierungen wie „my child", „my consent", „my daughter's heart", „her obedience, which is due to me" lassen ihn als Egoisten erscheinen, für den das Wohl seiner Tochter nicht zählt. Dass er sogar die Androhung der Todesstrafe als Druckmittel benutzt, macht ihn zum Typ des verständnislosen Vaters, der sich über die Gefühle seines Kindes rücksichtslos hinwegsetzt.[25]

Die Reihe ist nun an Theseus. Als Staatsoberhaupt, das an die Gesetze gebunden ist, bestätigt er das Recht des Vaters mit eindeutigen, fast brutalen Worten. Der Vater sei wie ein Gott, der sein Kind geschaffen habe und es nach Gutdünken formen könne wie eine Wachsfigur. Hermia lässt sich von solchen Drohungen nicht einschüchtern. Ihr Wunsch, der Vater möge Lysander mit ihren Augen sehen, und Theseus' Entgegnung: "Rather your eyes must with his judgement look" (57) nehmen die Augenmetaphorik vorweg und lassen den Gegensatz zwischen Vernunft und Augenschein anklingen, denn Egeus' negatives Urteil über Lysander erweist sich als unbegründet und wird durch Hermias Blick mit den „Augen der Liebe" widerlegt.

Als jemand, der sich in Liebesdingen auskennt und selbst im Begriff ist zu heiraten, kann Theseus sich in Hermias Lage hineinversetzen. Als sie ihn nach dem Strafmaß fragt, mildert er die Todesstrafe durch Hinweise auf die Möglichkeit eines ehelosen Lebens ab. Allerdings stellt er diese Alternative als wenig attraktiv dar. Eingesperrt hinter düsteren Klostermauern, werde sie als unfruchtbare Nonne ihr Leben verbringen und dem kalten, fruchtlosen Mond traurige Lieder singen. Diesem traurigen Leben stellt er das Bild der „rose distill'd" (76) als Symbol eines erfüllten Ehelebens gegenüber. Hermia zieht jedoch mit freudigen Worten die Ehelosigkeit vor:

So will I grow, so live, so die, my lord,
Ere I will yield my virgin patent up
Unto his lordship[26]*, whose unwished yoke*
My soul consents not to give sovereignty.
(79 ff.)

Überrascht von ihrer Willenskraft, muss Theseus die Ernsthaftigkeit ihrer Liebe zu Lysander anerkennen und räumt ihr eine Bedenkzeit ein. Bis zum Neumond, dem Datum seiner eigenen Hochzeit, vertagt er die Urteilsverkündung, und als Zuschauer ahnen wir, dass er sich dieses rauschende Fest nicht durch ein Urteil verderben lassen will, welches das Unglück eines jungen Liebespaares besiegeln würde.

Demetrius und Lysander greifen nunmehr in die Verhandlung ein. Letzterer ist der Wortgewandtere. Er beruft sich darauf, dass Hermias Liebe allein ihm gelte. Mit dem scherzhaften Vorschlag, Demetrius könne ja ihren Vater heiraten, da er dessen Liebe habe, bringt er Egeus erneut gegen sich auf. Was jedoch in Theseus' Augen am meisten Gewicht hat, ist Lysanders Hinweis auf Helena, der Demetrius seine Liebe erklärt habe und die ihn inbrünstig und abgöttisch („devoutly“ und „in idolatry“) verehre. Theseus erinnert sich, davon gehört zu haben. Er habe ohnehin mit Demetrius darüber sprechen wollen, fügt er hinzu, sei aber wegen eigener Angelegenheiten nicht dazu gekommen. Wenn er nun Demetrius und Egeus auffordert, ihm zu folgen, so kann man annehmen, dass er ihnen wegen ihres Starrsinns Vorhaltungen machen will.

Hippolyta hat die Unterredung bisher schweigend verfolgt, lässt aber nun offenbar Anzeichen von Unzufriedenheit erkennen. Vielleicht sieht sie Parallelen zwischen ihrer eigenen Situation und der Zwangslage, in der sich Hermia befindet. Theseus scheint ihre Unruhe bemerkt zu haben, denn mit der Frage “what cheer, my love?” (etwa: „wie fühlst du dich?“) fordert er sie auf, bei dem nun folgenden „private schooling“ anwesend zu sein.

Mit dem Abtreten aller Personen bis auf Lysander und Hermia ist das Spiel eröffnet. Die Themen Liebe und Eifersucht werden im Folgenden durch den Entschluss des Paares zur Flucht und die Auseinandersetzung mit Helena weiter vertieft. Helenas abschließender Monolog über das Wesen der Liebe und ihre Absicht, Demetrius in den Fluchtplan einzuweihen, beendet die erste Szene. Die Zuschauer kennen nun zwei der vier Personengruppen und ihre Konflikte und sind auf einen möglicherweise turbulenten Verlauf der Ereignisse vorbereitet.

Theaterprobe im Wald (III, 1, 1–103)

Wie Quince in I, 2 vorgeschlagen hat, treffen sich die Handwerker im Wald vor Athen. Das Publikum weiß inzwischen, dass hier die Elfen das Sagen haben, und es steht zu erwarten, dass diese sich auch in die schauspielerischen Bemühungen Bottoms und seiner Freunde einmischen werden.

Bottom ergreift als Erster das Wort mit der Frage: “Are we all met?”, obwohl er wahrscheinlich als Letzter gekommen ist, denn sonst wüsste er bereits die Antwort. Quince, der Organisator und Regisseur, erklärt die Szene: “This green plot shall be our stage, this hawthorn brake our tiring-house”. Diese Ankündigung entbehrt nicht der Komik, denn der „Rasenplatz“ ist tatsächlich eine Bühne und die „Hagedornhecke“ ein Bühnenhaus. Shakespeare spielt hier mit dem Verhältnis von Realität und Illusion, indem er die gewöhnliche Erwartung des Publikums, dass das dichterische Wort die Realität in eine Fantasiewelt verwandelt, in ihr Gegenteil verkehrt.

Auch Bottoms Einwand, die Damen der Hochzeitsgesellschaft könnten Pyramus' Selbstmord für echt halten, bezieht sich auf das Verhältnis von Theater und Wirklichkeit. Allerdings geht Bottom von der naiven Vorstellung aus, die Aufführung werde allzu realistisch sein. Wie sich zeigen wird, leidet die Darbietung der Handwerker vielmehr unter einem Mangel an Illusionierung und sein Vorschlag, in einem Prolog klarzustellen, dass niemand zu Schaden komme und Pyramus in Wirklichkeit „Bottom the weaver“ sei, verstärkt diesen Mangel noch.

Auf ein ähnliches Problem bezüglich des Löwen macht Snout aufmerksam und Bottom weiß auch hier die entsprechende desillusionierende Lösung: der Löwe selbst soll sich in wohlgesetzten Worten als harmloser Mitmensch namens „Snug the joiner“ zu erkennen geben. Seine Formulierungsvorschläge sind, wie bei Bottom üblich, voller sprachlicher Verwechslungen. Wenn Snug aus dem Löwenfell heraus „to the same defect“ die Damen beruhigen soll (gemeint ist „to the same effect“), so stellt sich dies später tatsächlich eher als Fehlleistung („defect“) dar, über die sich Theseus, Demetrius und Lysander mokieren. (V, 1, 223 ff.)

Quince ist einverstanden, hat aber selbst noch zwei Probleme entdeckt: Wie lässt man den Mond ins Zimmer scheinen und wie bekommt man eine Wand auf die Bühne? Die Lösung, ein

Fenster zu öffnen und den Mond hineinscheinen zu lassen, erscheint ihm offensichtlich zu wenig bühnenwirksam, denn er hat noch einen anderen Plan. Ein Mitspieler soll mit den traditionellen Requisiten des Mondes ausgestattet werden, „to disfigure or to present the person of Moonshine". Mit dem Malapropismus „disfigure" (entstellen) statt „figure" (darstellen) kommt Quince der tatsächlichen Wirkung dieses Auftritts näher, wie sich bei der Aufführung zeigen wird. Sogar Hippolyta, die sich mit kritischen Äußerungen über das Stück und die Darsteller sehr zurückhält, bemerkt: "I am aweary of this moon. Would he would change!" (V, 1, 243 f.) Das zweite Problem wird von Bottom auf ähnliche Weise gelöst. Jemand muss die Wand darstellen und dazu in einem mit Mörtel, Lehm und Putz beschmierten Kostüm erscheinen. Auch für die Spalte in der Wand, durch die Pyramus und Thisbe ihr Liebesgeflüster vollführen, hat Bottom eine geniale Idee: "let him hold his fingers thus"[27]

Kaum hat die Probe begonnen, als Puck im Hintergrund auftaucht *(Enter Puck behind)*. Es ist möglich, dass er schon während der vorangegangenen Diskussion zu sehen war, sodass das Publikum bereits auf sein Eingreifen gewartet hat. Dieser Augenblick ist nun gekommen und Puck kündigt sich, von der Truppe nicht bemerkt, als Mitspieler an ("An actor too perhaps, if I see cause"). Bottom, dessen Auftritt bereits nach vier Versen beendet ist, verschwindet hinter der imaginären Hagedornhecke. Puck folgt ihm, und wir sind gespannt, was er vorhat. Der schüchterne Flute ("Must I speak now?") müht sich mit den merkwürdigen Versen. Nicht nur die Wortwahl ist seltsam („juvenal" und „Jew" sollen wohl „youth" bedeuten), auch das Versmaß (kreuzweise gereimte sechshebige Jamben) wirkt sonderbar. Quince muss korrigierend eingreifen und Bottom zurückrufen, der sein Stichwort verpasst hat.

Wenn Bottom mit dem Eselskopf erscheint, ist dies der spektakulärste Augenblick einer jeden Aufführung. Alle Mitspieler schreien durcheinander und fliehen in panischem Schrecken. Puck ist ganz in seinem Element. Sein Ausruf “I’ll follow you; I’ll lead you about a round” kann bedeuten, dass die wilde Jagd im Kreis herumgeht. Dagegen sprechen jedoch die Regieanweisungen „Exit“ und „Re-enter“ für Snout und Quince. Ein Teil der Verfolgung würde dann hinter der Bühne stattfinden und möglicherweise nur akustisch wahrnehmbar sein. Wie im Einzelfall diese Situation inszeniert wird, ist der Fantasie des Regisseurs überlassen.

Bottom ist der Einzige, der sich in diesem Durcheinander nicht aus der Ruhe bringen lässt. Er bemerkt weder Puck noch sein eigenes verändertes Aussehen und hält die ganze Aufregung für ein abgekartetes Spiel seiner Kollegen. Als sich der Aufruhr gelegt hat und er allein mit der schlafenden Titania auf der Bühne zurückgeblieben ist, beginnt er sein Liedchen zu singen, das dann die Überleitung zum romantischen Teil der Szene bildet.

Im Ganzen dient die missglückte Theaterprobe als komisches Gegenstück zu Shakespeares eigener meisterhafter Dramaturgie und Sprachkunst. Besonders die Personifizierung des Mondes ist eine groteske Verfehlung im Vergleich zu den subtilen sprachlichen Ausdrucksmitteln, mit denen der Dichter immer wieder die magische Wirkung und sinnbildliche Bedeutung des Mondes hervorhebt. Während die Handwerker versuchen, mit dem Bühnengeschehen die Realität zu kopieren, schaffen Shakespeares Theaterstücke ihre eigene Wirklichkeit.

Puck korrigiert seinen Fehler (III, 2, 400–463)

Gegen Ende des 3. Akts hat die Verwirrung der jungen Paare ihren Höhepunkt erreicht. Demetrius und Lysander sind beide in Helena verliebt und wollen von Hermia nichts mehr wissen. Diese ist verzweifelt, während Helena sich verspottet glaubt. Die Männer entfernen sich, um im Duell eine Entscheidung herbeizuführen.

Die virtuosen Wortgefechte der Betroffenen dienen dazu, beim Publikum Heiterkeit hervorzurufen, aber auch Mitgefühl, besonders mit den jungen Frauen, von denen Hermia vielleicht am meisten verletzt ist. Als Zuschauer sind wir neugierig, wie sich das Knäuel aus Missverständnissen und irregeleiteten Gefühlen auflösen wird. Oberons und Pucks beruhigende Anwesenheit lässt indessen kaum Zweifel an einer glücklichen Wendung der Dinge aufkommen und verhindert so, dass die tragische Komponente des Geschehens die Oberhand gewinnt.

Oberon ist alles andere als zufrieden und macht Puck Vorhaltungen, er sei fahrlässig und willkürlich zu Werke gegangen. Er erteilt seinem Diener die nötigen Befehle und dieser beeilt sich mit der Ausführung. Zunächst gilt es, das Duell der Rivalen zu verhindern. Dazu soll Puck den Himmel mit einem Nebel „as black as Acheron" überziehen, um Demetrius und Lysander in die Irre führen zu können. Hier ist der Kobold wieder ganz in seinem Element. Indem er sich als Stimmenimitator betätigt, macht er die beiden abwechselnd glauben, der Gegenspieler sei ganz in der Nähe, und bringt sie so immer weiter auseinander.

Dass er die Situation offensichtlich genießt, kann man an der lustvollen Rhetorik erkennen, mit der er mal den einen und dann wieder den andern beleidigt und herausfordert. So ruft er Demetrius zu:

Thou coward, art thou bragging to the stars,
Telling the bushes that thou look'st for wars,
And wilt not come? Come, recreant, come, thou child;
I'll whip thee with a rod. He is defil'd
That draws a sword on thee.
(407 ff.)

Er spart hier nicht mit Beschimpfungen („recreant" ist ein Synonym für „coward") und wirft ihm vor, nur dann mutig zu sein, wenn keine Gefahr droht. Er sei ein Kind, das die Rute verdient, und es sei unwürdig, mit dem Schwert gegen ihn zu kämpfen.

Erschöpft und müde geben beide Kampfhähne auf. Kaum sind sie eingeschlafen, erscheint Helena. Ihre Klage ist in vollendeten Blankversen gehalten (431 ff.) und wird von Pucks munteren Reimen abgelöst. Wunschgemäß kommt nun auch Hermia, „curst and sad“, sodass sogar Puck Mitleid mit ihr hat: “Cupid is a knavish lad, / Thus to make poor females mad!” (440 f.) Auch sie äußert ihren Schmerz in bewegenden Versen. Ihr letzter Gedanke vor dem Einschlafen gilt dem treulosen Geliebten: “Here will I rest me till the break of day. / Heavens shield Lysander, if they mean a fray!” (446 f.)

Puck kann nun das magische Ritual vollziehen und Lysanders Augen mit Zaubersaft benetzen. Dem Zauberspruch fügt er noch eine alte Volksweisheit hinzu:

Jack shall have Jill;
Nought shall go ill;
The man shall have his mare again, and all shall be well.
(461 ff.)

Die Bedeutung dieser Redensarten ist etwa: „Jeder Mann bekommt die Seine“[28]. Puck kombiniert hier zwei Sprichwörter: “All shall be well and Jack shall have Jill” und “All is well and the man has his mare again”. „Jack and Jill“ stehen für „lad and lass“ (Junge und Mädchen) und „mare“ (Stute) ist eine grobe volkstümliche Bezeichnung für „Frau“. Mit der ausdrücklichen Versicherung “Nought shall go ill” (etwa: „Alles wird gut“) ist auch für die Zuschauer klar, dass es zu einem Happy End kommen wird, sobald auch Oberon und Titania sich versöhnt haben.

Titanias Erwachen und die Versöhnung des Elfenpaars (IV, 1, 1–100)

Diese Szene schließt ohne Pause an das vorangegangene Geschehen an. Die schlafenden Liebespaare sind also weiter auf der Bühne anwesend, bis sie von Theseus in V, 1 geweckt werden. (Zur räumlichen Aufteilung der Bühnenfläche siehe S. 40.)

Der Begriff „Erwachen“ ist nicht nur wörtlich, sondern auch im übertragenen Sinn zu verstehen, erwacht die Elfenkönigin doch aus einem für sie grausamen Irrtum. Der paradiesische Zustand, in den sie sich durch ihre Fixierung auf den verwandelten Bottom hineinversetzt fühlte, erweist sich als ein beschämendes Ereignis und liefert sie Oberons Wünschen hilflos aus.

Oberon, der die Liebesszene von Beginn an beobachtet, erscheint hier in der nicht eben vorteilhaften Rolle eines Voyeurs. Nicht nur vor ihm, sondern auch vor dem Publikum wird Titania erniedrigt, und bei aller Heiterkeit, die das ungleiche Paar erregt, fühlen wir auch Mitleid mit ihr.

Der groteske Unterschied zwischen der zarten Elfenkönigin und dem eselsköpfigen Clown wird von Anfang an durch den Kontrast zwischen klangvollen Blankversen und proletarischer Prosa hervorgehoben. Die schmeichelnden Worte, mit denen Titania ihre Liebkosungen begleitet, haben eine zauberhaft klangschöne Wirkung, hervorgerufen durch weiche Konsonanten und helle Vokale, etwa in „sleek smooth head“, „fair large ears“ oder „gentle joy“. (3 f.) Bottom, der von Titania überhaupt keine Notiz zu nehmen scheint, interessiert sich nur für sein körperliches Wohlergehen und unterhält sich lieber mit der Dienerschaft. Seine mit den üblichen sprachlichen Verwechslungen durchsetzten Anweisungen gelten eher tierischen Bedürfnissen und nehmen sich neben seinem „höfischen“ Benehmen besonders lächerlich aus. Er möchte gekratzt und gefüttert werden, es verlangt ihn nach Trockenfutter („provender“), nach Heu, Hafer und getrockneten Erbsen. Zwischendurch versucht Titania, ihn für ein etwas romantischeres Thema zu interessieren (“What, wilt thou hear some music, my sweet love?”), aber dieser Versuch scheitert an seinem musikalischen Geschmack. Obwohl er behauptet, ein „reasonable good ear in music“ zu haben, schlägt er „the tongs and the bones“ vor, zwei nicht genau identifizierbare Schlaginstrumente. Titania geht wohlweislich nicht weiter darauf ein, sondern wechselt rasch das Thema.

Es folgt ihre Umarmung des Ungeheuers, ein Moment, der die Fantasie von Künstlern verschiedener Epochen beflügelt hat und zum bildlichen Erkennungsmerkmal des ganzen Dramas geworden ist. Dass es der liebestollen Feenkönigin um intime Zärtlichkeiten geht, ergibt sich aus der Textregie. "I will wind thee in my arms", sagt sie und, nachdem sie die Elfen fortgeschickt hat, um unbeobachtet zu sein:

So doth the woodbine the sweet honeysuckle
Gently entwist; the female ivy so
Enrings the barky fingers of the elm.
O, how I love thee! how I dote on thee!
(40 ff.)

Die Vergleiche mit Schlingpflanzen, welche die Umarmung begleiten, betonen Titanias Verbundenheit mit der Natur. Wie die Winde das Geißblatt umschlingt und Efeu sich um die Ulme rankt, will sie Bottom in ihre Arme nehmen. Der ist allerdings dabei einzuschlafen und auch Titania scheint zu ermüden. Das "O, how I love thee!" könnte ein Seufzer sein, während sie an seiner Seite entschlummert.

Puck erscheint und Oberon macht ihn auf das schlafende Paar aufmerksam. Seine Rachegefühle sind längst verflogen, seitdem er Titania ihre Vernarrtheit vorgehalten und sie ihn um Nachsicht gebeten hat. Sein Bericht zeigt, wie sehr sie sich gedemütigt fühlt. Beschämt von ihrem eigenen Verhalten hat sie ihm den Edelknaben ohne jeden Widerstand überlassen. Nun, da sein Ziel erreicht ist, erfasst ihn Reue, und er beeilt sich, sie aus ihrem unwürdigen Zustand zu erlösen.

Der Zauberspruch (69 ff.) und die Anwendung des Gegenmittels[29] beseitigen die „hateful imperfection of her eyes“ (61). Die Augenmetapher macht deutlich, wovon Titania hier geheilt wird, nämlich, wie Lysander und die anderen Athener, von der

„fierce vexation of a dream“ (67), einer Art Bewusstseinsstörung, welche die Wahrnehmung der Wirklichkeit verändert. Sie spricht von „visions“ (“What visions have I seen!”) und als Oberon ihr den schlafenden Bottom zeigt, können ihre Augen seinen Anblick kaum ertragen. (“O, how mine eyes do loathe his visage now!”) Der Tanz des Elfenpaars symbolisiert die Wiederherstellung sowohl der Harmonie der ehelichen Beziehung als auch der Ordnung in der Natur und ist wohl als längere musikalisch-tänzerische Einlage zu denken, an der auch die Elfenschar beteiligt sein dürfte.

Puck mahnt zum Aufbruch. Oberon und Titania tanzen um den Globus, um ihre Versöhnung zu feiern. Am nächsten Tag werden sie um Mitternacht in Theseus’ Palast ihren Tanz fortsetzen und allen Neuvermählten ihren Segen spenden. Man könnte fast von einer vierten Hochzeit sprechen, so sehr ist die Aussöhnung der beiden mit den Feierlichkeiten am Athener Hof verbunden.

Bottoms Traum (IV, 1, 198–214)

Den krönenden Abschluss der ersten Szene des 4. Akts bildet Bottoms berühmter Monolog, der zu zahlreichen Interpretationen Anlass gegeben hat. Auf den ersten Blick handelt es sich um einen komischen Text, der Bottoms Charakter widerspiegelt. Bei näherer Betrachtung wird aber noch eine zweite Ebene sichtbar, die wesentlich zu einem vertieften Verständnis des Sommernachtstraums im Ganzen beiträgt.

Theseus und Hippolyta mit Egeus und ihrem Gefolge, Lysander mit Hermia, Demetrius und Helena und schließlich Oberon, Titania und Puck – alle haben nacheinander die Bühne verlassen, und unsere Aufmerksamkeit gilt nun ganz dem schlafenden Bottom, der unbeweglich in der Mitte der leeren Bühne liegt und langsam aus der Traumwelt zurückkehrt. Allmählich kommt die Erinnerung an die Theaterprobe und ihre plötzliche Unterbrechung zurück. Gähnend – sein „Heigh-ho!“ hat noch etwas von einem Eselsschrei – ruft er zunächst nach Quince. Als er jedoch keine Antwort bekommt, weder von diesem noch von Flute, Snout oder Starveling, glaubt er, dass die anderen ihn noch immer allein im Wald zurückgelassen haben.

Erst jetzt kommen ihm vage Erinnerungen an eine „most rare vision“, einen Traum „past the wit of man to say what dream it was.“ (202 f.) „Vision“, ein Begriff, den auch die erwachende Titania zuvor gebraucht hat, ist mehr als ein „dream“, etwas, das jenseits der Wirklichkeit existiert, sich aber nur schwer in Worte fassen lässt. Mit „Methought I was – and methought I had –“ setzt er wiederholt an und versucht vergeblich das Unaussprechliche seiner Verwandlung auszudrücken.

Dass es sich für ihn um ein transzendentes Ereignis von quasireligiöser Bedeutung handelt, wird deutlich, als er in seiner Verwirrung auf eine Bibelstelle zurückgreift. Wieder verwechselt er dabei auf seine übliche Art Sinneswahrnehmungen wie Hören, Sehen und Schmecken, und vertauscht außerdem die Organe Herz und Zunge:

> *The eye of man hath not heard, the ear of man hath not seen, man's hand is not able to taste, his tongue to conceive, nor his heart to report, what my dream was.*
> (207 ff.)

So komisch sich sein misslungenes Bibelzitat anhört, so genau drückt der Originaltext das unergründlich Rätselhafte aus, das er empfindet. Im 1. Korintherbrief, Kapitel 2, Vers 9–10 heißt es in der King James Bible:

> *Eye hath not seen, nor ear heard, neither have entered into the heart of man, the things which God hath prepared for them that love him. But God hath revealed them unto us by his Spirit: for the Spirit searcheth all things, yea, the deep things of God.*

So übernatürlich ist in Bottoms Augen die visionäre Erfahrung und so unergründlich das Geheimnis ihrer Botschaft, dass das

Erlebte nur in dichterischer Sprache und in Musik ausgedrückt werden kann. Daher beschließt er, Peter Quince eine Ballade dichten zu lassen und diese am Schluss der Aufführung bei Hofe vorzusingen.

Bottoms glorreicher Monolog ist komisch und erhaben zugleich. Er bewahrt uns davor, in ihm nur einen simplen Clown zu sehen. Harold Bloom, einer der bedeutendsten Shakespeare-Kenner, nennt ihn „a sublime clown and a great visionary" und meint: "[Bottom] is the protagonist (and greatest glory) of the play."[30] Von allen Charakteren des Stücks ist er der Einzige, der die Welt der Geister bewusst wahrnimmt und direkten Zugang zu ihr hat. Von diesem Vorrecht, eine andere Dimension als die Wirklichkeit des Alltäglichen erfahren zu dürfen, legt sein Traum Zeugnis ab. Im Gegensatz zu den Liebespaaren oder zu dem Skeptiker Theseus ist für ihn das Geschehene nicht einfach eine Sinnestäuschung, sondern eine tiefe Wahrheit, geheimnisvoll und unergründlich wie das Leben selbst. Das Leben als Traum ist eine Metapher, mit der Shakespeare die Besonderheit des menschlichen Bewusstseins, zwischen Wissen und Nichtwissen, Schein und Sein oder auch Liebe und Täuschung schwanken zu können, ausdrücken wollte. Von Bottom lässt sich eine Brücke schlagen zu Prospero, dem Protagonisten im wahrscheinlich letzten Drama des Dichters, der von der Natur des Menschen sagt: "We are such stuff as dreams are made on, and our little life is rounded with a sleep." (*The Tempest*, IV, 1, 156 ff.)

Rezeptionsgeschichte

A Midsummer Night's Dream ist heute weltweit die bekannteste und am häufigsten aufgeführte Komödie Shakespeares. Auch zu Lebzeiten des Dichters erfreute sich das Werk offensichtlich großer Beliebtheit. Auf der Titelseite des Quartodrucks von 1600 heißt es, das Stück sei öfter („sundry times") und an verschiedenen Orten gespielt worden. Zudem weisen einige Nachdrucke Änderungen auf, die auf vorausgegangene Neuaufführungen schließen lassen.

Zur Unterbrechung des Londoner Theaterlebens kam es 1642, als unter der Vorherrschaft strenggläubiger Puritaner alle Aufführungen verboten wurden. Erst nach der Rückkehr zur Monarchie unter Charles II. begann 1660 eine neue Epoche englischer Theatergeschichte. Neue Bühnentechnik, ein anderes Publikum und ein veränderter Geschmack ließen Shakespeares Dramen altmodisch erscheinen. Der Sommernachtstraum wurde zwar weiterhin gespielt, aber bis ins 19. Jahrhundert hinein in unterschiedlichen Bearbeitungen mit operettenhaften Musik- und Tanzeinlagen, wobei die komplexe Handlung gekürzt und vereinfacht wurde.

In einer solchen Fassung muss wohl der durch sein Tagebuch berühmt gewordene theaterbegeisterte Samuel Pepys (1633–1703) das Stück im Jahr 1662 gesehen haben, denn er urteilt vernichtend, dies sei das fadeste und lächerlichste Drama („the most insipid ridiculous play"), das er je gesehen habe. Für gewöhnlich wurden ganze Personengruppen gestrichen, etwa die Liebespaare, und der Rest entsprechend umgearbeitet. Auf diese Weise entstanden neue Stücke, die mit Shakespeares Text wenig zu tun hatten. So machte David Garrick (1717–79), einer der bekanntesten Schauspieler der englischen Theatergeschichte, aus *A Midsummer Night's Dream* ein Stück mit dem Titel *The Fairies*, das nur zu einem Drittel aus Shakespeare-Versen bestand und in dem die Handwerker nicht mehr vorkamen. Andere Bearbeitungen stellten dafür Bottom und seine Kollegen in den Mittelpunkt.

Die erste Aufführung, die den Originaltext im Wesentlichen beibehielt, ging auf die Initiative der Sängerin Madame Vestris (1797–1856) zurück und fand 1840 in London statt. Von nun an setzte sich die Shakespeare-Fassung mehr und mehr durch, wobei allerdings die Ansichten darüber, wie diese zu interpretieren und aufzuführen sei, auseinanderklafften.

Meilensteine der Aufführungsgeschichte waren die Inszenierung von Granville-Barker (1877–1946) im Londoner Savoy Theatre (1914) und die Produktion aus dem Jahr 1962 von Peter Hall (geb. 1930), dem Gründer und künstlerischen Leiter der Royal Shakespeare Company und Regisseur am Royal Shakespeare Theatre in Stratford-upon-Avon. Einen historischen Einschnitt stellte auch Peter Brooks Stratforder Inszenierung von 1970 dar. Anknüpfend an seinen Vorgänger legte er den Schwerpunkt auf Texttreue und verzichtete auf Kulissen und moderne Bühnentechnik.

Einfache Ausstattung und hohe Sprechkultur blieben auch weiterhin die Grundlage der Aufführungspraxis. Das bedeutete allerdings keineswegs, dass es zu einem einheitlichen Regiekonzept gekommen wäre, denn der Text erlaubt vielfältige Auslegungen und unterschiedliche Akzentuierungen. Auch die Neuinszenierungen am Londoner Globe Theatre von 2002, 2008 und 2013, mit denen das Werk gewissermaßen an seinen Ursprungsort zurückkehrte, setzten ihre eigenen Schwerpunkte und stellten sicher nicht den Schlusspunkt einer langen, wechselhaften Aufführungsgeschichte dar.

Die Tendenz zur Bearbeitung des Sommernachtstraums zeigt sich besonders deutlich darin, dass das Stück immer wieder in andere Kunstformen und Medien übernommen worden ist. Kaum ein anderes Werk der Weltliteratur ist so oft als Grundlage für Opern, Konzertstücke, Singspiele, Radio-, Film- und Fernsehproduktionen benutzt worden und hat sich dabei als unerschöpfliche Quelle der Inspiration erwiesen. Wegen seiner Nähe zur Musik hat das Stück bei vielen Komponisten Anklang gefunden. Zu ihnen gehören Henry Purcell: „The Fairy Queen" (Oper, 1692), Carl Maria von Weber: „Oberon" (Oper, 1826), Felix Mendelssohn-Bartholdy: Ouvertüre (1826) und Schauspielmusik (1843), Benjamin Britten: „A Midsummer Night's Dream" (Oper, 1960) und Carl Orff: „Versionen Ein Sommernachtstraum" (Orchesterwerke, 1917–62). Film und Fernsehen haben sich ebenfalls reichlich bei Shakespeare bedient. Zwischen 1937 und 1981 gab es allein in Großbritannien acht Fernsehproduktionen der Komödie. Hierbei sind die Filmversionen bekannter Theaterinszenierungen nicht mitgezählt. Unzählige weitere Bearbeitungen, darunter Woody Allens „A Midsummer Night's Sex Comedy" und eine sehr bekannt gewordene Hollywood-Verfilmung von Michael Hoffmann (1999), kommen hinzu.

Die Rezeptionsgeschichte wäre unvollständig ohne einen Blick auf die Wirkung Shakespeares in Deutschland. In keinem anderen kontinentaleuropäischen Land hat Shakespeares Werk eine größere Resonanz gefunden. Schon im frühen 17. Jahrhundert wurden Shakespeares Dramen in vielen deutschen Städten von herumziehenden Schauspielertruppen aus England aufgeführt. Die erste deutsche Version des Sommernachtstraums ist eine 1663 erschienene Bearbeitung durch den Barockdichter Andreas Gryphius (1616–64). Im 18. und 19. Jahrhundert gehörte das Stück zu den beliebtesten Komödien. Goethe knüpft in einigen Szenen im Faust daran an, und die Romantiker waren vor allem von den Elfen, ihrer Naturverbundenheit und ihren Tänzen und Gesängen angetan. Gleichzeitig setzte eine rege Übersetzungstätigkeit ein. August Wilhelm von Schlegel (1767–1845), Ludwig Tieck (1773–1853) und Wolf Graf von Baudissin (1789–1878) schufen die 1833 fertiggestellte Übersetzung des Gesamtwerks. Der Sommernachtstraum gehört zu den ersten von Schlegel übersetzten Stücken und stellt eine geniale Leistung dar, die an sprachlicher Schönheit, dichterischer Kreativität und inhaltlicher Prägnanz bis heute unübertroffen ist. Aus der Vielzahl weiterer Übersetzungen des 19. Jahrhunderts seien noch Fritz Dingelstedt und Otto Gildemeister erwähnt sowie die 1872 erschienene und mit 38 Bänden umfangreichste Werkausgabe von Friedrich Bodenstedt.

Anfang des 20. Jahrhunderts schuf der Literaturwissenschaftler Friedrich Gundolf (1880–1931) in Zusammenarbeit mit dem Dichter Stefan George (1868–1933) eine Übertragung in 10 Bänden. Gundolf ist auch der Autor zweier viel beachteter Monografien: „Shakespeare und der deutsche Geist" (1911) und „Shakespeare. Sein Wesen und sein Werk" (1928). Beide Bücher sind Ausdruck einer deutsch-nationalen Shakespeare-Verehrung, die gegen Ende des 19. und zu Beginn des 20. Jahrhunderts ihren Höhepunkt erreichte. Schon 1864 war in Weimar die heute noch bestehende Deutsche Shakespeare-Gesellschaft gegründet worden, die ihr Ziel in der „Pflege und Förderung Shakespeares im deutschen Sprachgebiet" sieht. Im wilhelminischen Kaiserreich lief dieses Programm dann auf den Versuch hinaus, Shakespeare in einen dem Wesen nach deutschen Dichter zu verwandeln. Man sah etwa in Hamlet, dem von seiner Umgebung unverstandenen tiefsinnigen Denker, eine Verkörperung der „deutschen Seele".

Die ersten Übersetzungen Shakespeares in andere europäische Sprachen erschienen schon bald nach dem Tod des Dichters. Zwei Jahrhunderte später lagen vollständige Ausgaben in folgenden Sprachen vor: Französisch, Spanisch, Italienisch, Schwedisch, Dänisch, Norwegisch, Niederländisch, Portugiesisch, Ungarisch, Russisch und Polnisch. Inzwischen ist Shakespeare in alle Kultursprachen der Welt übertragen worden und hat dort Spuren hinterlassen. *A Midsummer Night's Dream* hat sich in mancher Hinsicht als besonders anregend erwiesen. Davon zeugt die Fülle der Nachdichtungen und Bearbeitungen. Nicht vergessen sollte man, dass diese Komödie nicht nur im professionellen Theater, sondern auch in ungezählten Laienaufführungen weiterlebt. Wie kaum ein anderes Werk Shakespeares eignet sich der Sommernachtstraum für Freilichtdarbietungen, Festveranstaltungen, Schulbühnen usw. und auch im Rahmen des Englischunterrichts wird überall auf der Welt immer wieder die eine oder andere Szene oder sogar das ganze Stück nachgespielt.

Moderne Inszenierung des Sommernachtstraums, Shakespeare Company Berlin, 2011

Literaturhinweise

Primärtexte

SHAKESPEARE, WILLIAM: *A Midsummer Night's Dream.* Reclam: Stuttgart 1989.
Kommentierte Ausgabe mit sprachlichen Erklärungen, Literaturhinweisen und einem Nachwort von Bernhard Reitz. (Zitate und Fundstellenangaben nach dieser Ausgabe)

SHAKESPEARE, WILLIAM: *A Midsummer Night's Dream – Ein Sommernachtstraum.* Reclam: Stuttgart 1975.
Englisch-deutsche Ausgabe mit wortgetreuer Parallelübersetzung.

Sekundärliteratur

SHAKESPEARE, WILLIAM: *A Midsummer Night's Dream. Erläuterungen und Dokumente.* Reclam: Stuttgart 2004.
Wort- und Sacherklärungen, Wirkungs- und Aufführungsgeschichte, Interpretationen, Literaturhinweise.

BRYSON, BILL: *Shakespeare. The World as a Stage.* Harper Press: London 2007.
Unterhaltsame, gut lesbare Darstellung von Leben und Werk nach dem derzeitigen Kenntnisstand.

DUNTON-DOWNER, LESLIE & RIDING, ALAN: *Essential Shakespeare Handbook.* Dorling Kindersley: London 2004.
Umfassendes Handbuch, übersichtlich gegliedert, hervorragend illustriert.

MCLEISH, KENNETH & UNWIN, STEPHEN: *A Pocket Guide to Shakespeare's Plays.* Faber and Faber: London 1998.
Kurzinterpretationen mit Inhaltsangabe, Charakterdarstellung und Aufführungsgeschichte.

Anmerkungen

1 Der viel zitierte Satz stammt aus einem Huldigungsgedicht für Shakespeare, das in der Einleitung zur First Folio Edition enthalten ist.

2 zitiert nach: *Life, Language, Literature.* Klett Verlag: Stuttgart 1982, S. 235

3 Plutarch (ca. 46–125 n. Chr.), griechischer Schriftsteller, bekannt durch seine Biografien berühmter Männer

4 in der Erzählung des Ritters *(The Knight's Tale)*

5 Ovid (43 v.–17 n. Chr.), römischer Dichter

6 Die Schätzungen schwanken zwischen 2 000 und 3 000.

7 A. W. von Schlegel übersetzt: „Diese Hahnengrube, [eine Arena für Hahnenkämpfe] / Faßt sie wohl die Ebnen Frankreichs? Stopft man wohl / In dieses O von Holz die Helme nur, / Wovon bei Agincourt die Luft erbebt?" (In *Henry V* wird die Schlacht von Agincourt dargestellt.)

8 Im Sommernachtstraum wehrt sich Flute, wohl ein erwachsener junger Mann, die Rolle der Thisbe zu spielen mit dem Argument: "I have a beard coming." Quince entgegnet: "That's all one; you shall play it in a mask [hier: Schleier], and you may speak as small [mit hoher Stimme] as you will." (I, 2, 40 ff.)

9 Jagdhunde wurden oft so ausgewählt, dass das Gebell der Meute aus zueinander passenden Tonlagen bestand.

10 In der First Folio Edition erscheint Egeus noch einmal in V, 1, wo er anstelle von Philostrate das Unterhaltungsangebot des Abends erläutert. Diese Version beruht auf dem 2. Quarto und entspricht wahrscheinlich nicht dem Original.

11 Diese durch Pilze gebildeten kreisförmigen Stellen im Gras werden noch heute „fairy rings" genannt.

12 In der klassischen deutschen Übersetzung von August Wilhelm von Schlegel heißen sie Bohnenblüte, Spinnweb, Motte und Senfsamen.

13 Ableitung der Namen:
- Peter Quince (Zimmermann) – von *quoin* (Keil, Holzklotz)

- Francis Flute (Blasebalgflicker) – beim Auspressen der Luft entsteht ein Ton wie beim Anblasen einer Flöte *(flute)*
- Tom Snout (Kesselflicker) – *snout* (heute meist: *spout*) ist der Ausguss (Tülle) eines Wasserkessels
- Robin Starveling (Schneider) – von *starve* (Hunger leiden, verhungern) – Anspielung auf die dem Volksmund nach schmächtige Figur der Schneider
- Snug (Schreiner) – von dem Adjektiv *snug* (gut sitzend, genau passend)
- Nick Bottom (Weber) – alte Bezeichnung für eine Spule am Webstuhl (Die heutige Bedeutung „Hinterteil, Po" hatte das Wort zu Shakespeares Zeit noch nicht!)

A. W. von Schlegel gibt in seiner Übersetzung die Namen wie folgt wieder: Squenz, Flaut, Schnauz, Schnock, Schlucker, Zettel (ein Fachausdruck für die Anordnung der Fäden auf einem Webstuhl)

14 Bottoms Wortspiel mit seinem Namen, der so viel wie „Boden" oder „Grund" bedeuten kann, ist nicht übersetzbar. A. W. von Schlegel lässt seinen Zettel sagen: „Sie [die Ballade] soll ‚Zettels Traum' heißen, weil sie so seltsam angezettelt ist" – eine eher unbefriedigende Notlösung.

15 Plautus, Titus Macchius (ca. 254–184 v. Chr.), römischer Komödiendichter. Form und Stil seiner Werke haben die englische Komödie bis ins 19. Jahrhundert hinein beeinflusst.

16 Terenz (engl. *Terence*), Publius Terentius Afer (ca. 190–159 v. Chr.), römischer Autor von Komödien. Seine Stücke waren wegen ihres vorbildlichen lateinischen Stils seit dem Mittelalter als Schullektüre beliebt.

17 John Lyly (ca. 1553–1606) schrieb die frühesten englischen Komödien und benutzte als Erster neben Versen Prosa in seinen Stücken.

18 Styan, J. L.: *Shakespeare's Stagecraft.* Cambridge University Press: Cambridge 1994, S. 127 f.

19 Diese Angaben und die lexikalischen Beispiele sind entnommen aus: McCrum, Robert / Cran, William / Mac Neil, Robert: *The Story of English.* BBC Publications, Faber and Faber: London 1986, S. 99 u. 102

20 Shakespeare hat Bottoms Rolle für Will Kempe geschrieben, einen berühmten Clown, der lange Zeit der führende komische Darsteller der Lord Chamberlain's Men war.

21 Der Begriff „malapropism" ist von einer Figur aus Richard Brinsley Sheridans Theaterstück *The Rivals* (1775) abgeleitet. Mrs Malaprop (der Name stammt aus dem Französischen und bedeutet „falscher Ausdruck") ist eine Dame, die gerne lange Fremdwörter gebraucht, wobei

ihr ständig Verwechselungen unterlaufen. So sagt sie etwa: „as head-strong as an allegory on the banks of the Nile“ und meint „alligator“.

22 Das dritte Glied eines Vergleichs, d. h. das Gemeinsame der beiden verglichenen Sachverhalte.

23 Stichomythie ist ein Stilmittel, bei dem der Dialog aus einem zeilenweisen Wechsel von Rede und Gegenrede (hier Behauptung und Bestätigung) besteht.

24 Vermutungen, wonach Königin Elizabeth der Uraufführung des Sommernachtstraums beigewohnt haben könnte, stützen sich vor allem auf diese Textstelle. Beweise hierfür gibt es jedoch nicht.

25 Ähnlich verhält sich Capulet in *Romeo and Juliet* seiner Tochter gegenüber. Er will Juliet zwingen, Paris zu heiraten, während sie Romeo liebt.

26 Bei den Worten „his lordship“ sollte Hermia auf Demetrius zeigen. Die Betonung liegt auf „his“, nicht auf „lordship“ (hier: „Herrschaft“).

27 Shakespeare überlässt es dem Schauspieler, welches Zeichen er bei „thus“ machen will. In der Aufführungstradition hat sich eine waagerechte V-Stellung von Zeige- und Mittelfinger etabliert.

28 A. W. von Schlegel: „Hans nimmt sein Gretchen, Jeder sein Mädchen; Find’t seinen Deckel jeder Topf. Und allen geht’s nach ihrem Kopf.“

29 „Dian’s bud“ hebt die Wirkung von „Cupid’s flower“ auf. Letztere hatte Oberon in II, 1, 155–168 beschrieben, wo die Blume „Love-in-idleness“ genannt wird. „Dian’s bud“ oder Artemisia ist eine nach der Göttin der Keuschheit benannte Heilpflanze.

30 Bloom, Harold: *Shakespeare – The Invention of the Human.* Riverhead Books: New York 1998, S. 150 bzw. 151